# はじめに

　わが国においては、人口減少や高齢化の進展、市場金利の低下などがみられ、金融機関を取り巻く経営環境は厳しさを増しており、これまでの横並びで単純な融資拡大競争では限界にきていると指摘されています。こうしたなか、金融機関を監督する金融庁でも、顧客本位の良質な金融サービスを提供し、企業の生産性向上等を支援することにより、金融機関自身も安定した顧客基盤と収益を確保すること（顧客との「共通価値の創造」）を金融機関に対する持続可能なビジネスモデルの一つの優良な選択肢として掲げており、ベンチマーク等の客観的な指標を活用して金融仲介機能の質の向上に取り組み始めています。

　一方、多くの金融機関では、預貸金業務中心の時代に比べて、多様な商品やサービスの取扱いが増加するとともに、社会の要請により行員の働き方改革やコンプライアンス遵守の強化などが求められており、限られた時間のなかでの業務量が増大しています。営業現場では支店長、融資・法人担当者いずれも取引先企業との対話を行う活動時間の捻出が難しくなっているとの声をよく耳にします。こうしたなか、従来以上に効率良く時間を割いて金融仲介機能の質の向上に欠かせない営業現場の人材育成を実施していく必要があるものと考えています。

　このような背景のもと、フロンティア・マネジメント株式会社では、金融機関の取引先への経営改善支援や成長支援のコンサルティングを通じて、これまでに培った経験やノウハウを凝縮した事業性評価の基本テキストとして本書を制作しました。また実務経験の浅い金融機関の融資／法人担当者ならびに彼ら彼女らの指導を行う営業現場のマネジメントを主な対象に、取引先企業との対話を重ね、担保や保証に依存することなく取引先企業のニーズや課題に応じた融資や解決策の提供を行っていくための「取引先企業の評価」の視点やその使い方を理解し、取引先企業と共有していただく一助になることが私たちの願いです。本書の各章を執筆しているのは、実際に金融機関の融資先を対象としたコンサルティング案件に多数関与した経験があり、日頃から金融機関の法人営業や審査の担当者と接している現役の経営コンサルタント等です。

　本書のタイトルにある「企業価値」とは、事業性資産から生まれる将来のキャッシュ・フロー（キャッシュ・フロー算出に含まれていない非事業性資産がある場合には当該資産価値を調整）を株主や債権者が期待する利回りで現在価値に割り引いたものの合計額ですがその前提となるのは、金融機関職員が日頃行っている取引先企業の事業性評価です。本書では、企業価値を大きく左右する要素である事業からのキャッシュ・フローに焦点を当てて、取引先企業に対する事業性評価の方法と融資判断を含めたその使い方

を中心に解説しています。また、財務情報と非財務情報を結合して、将来のキャッシュ・フロー創出力を測ることの意義と手法を織り込むとともに、事業分析や財務情報分析に関する必要最低限のノウハウを図説しています。これは、経営改善目標の設定やモニタリングなどにおいて金融機関と取引先企業の間の対話のツールとしての活用を意図したものです。

　本書が、金融機関の法人営業担当者や融資担当者の日常業務のお役に立ち、取引先企業の発展、さらに日本経済の発展につながることができれば幸いです。なお、本書において意見に係る記述は弊社の私見であることを申し添えます。

　平成29年8月

フロンティア・マネジメント株式会社　執筆者一同

# 目　次

はじめに

## 第1章　企業価値と事業価値

1－1　企業価値評価とは何か……………………………………………… 2

1－2　企業価値評価の意義………………………………………………… 4

❶　金融機関にとっての意義…………………………………………… 4

❷　取引先企業にとっての意義………………………………………… 5

1－3　企業価値評価の目的………………………………………………… 5

1－4　企業価値評価の進め方……………………………………………… 6

❶　企業価値評価の手順………………………………………………… 6

❷　企業価値評価のための事前準備…………………………………… 7

## 第2章　「財務と非財務の融合」による事業性評価

2－1　事業内容／ビジネスモデルの把握……………………………… 10

2－2　業界の把握………………………………………………………… 12

❶　市場動向の把握…………………………………………………… 12

❷　業界の把握………………………………………………………… 14

2－3　当社の競争力……………………………………………………… 14

❶　競争力のポイントとこれに照らした評価……………………… 14

❷　経営体制の評価…………………………………………………… 15

2－4　損益財務…………………………………………………………… 17

❶　業績概要の把握…………………………………………………… 17

❷　背景の深掘り……………………………………………………… 18

❸　結果から企業行動を考察………………………………………… 23

2－5　総　　括…………………………………………………………… 23

## 第3章　事業性評価のための決算書、資金繰り表の読み方

### 3−1　決算書の読み方 ………………………………………………… 26
❶ 決算書の読み方 ……………………………………………………… 26
❷ 損益計算書（PL）の読み方 ……………………………………… 27
❸ 貸借対照表（BS）の読み方 ……………………………………… 30
❹ 月次試算表の読み方 ………………………………………………… 32

### 3−2　資金繰り表の読み方 …………………………………………… 33
❶ 資金繰り表の読み方 ………………………………………………… 33
❷ 資金繰り表の作成・精緻化依頼 …………………………………… 36


## 第4章　事業デューデリジェンス（事業DD）結果の使い方

### 4−1　行内対応：金融機関内部での使い方 ……………………… 41
❶ 行内共通認識の醸成 ………………………………………………… 41
❷ 情報の整備・蓄積 …………………………………………………… 41
❸ 事業性評価に伴う融資判断 ………………………………………… 42

### 4−2　顧客対応：取引先に対しての使い方 ……………………… 46
❶ 事業DDの顧客フィードバック …………………………………… 46
❷ 経営相談に乗る／誘導するかたちでのソリューション提供 …… 49
❸ 事業性評価の枠組みを利用したモニタリング …………………… 51


あとがき ………………………………………………………………………… 57

索　　引 ………………………………………………………………………… 58

# 第1章

## 企業価値と事業価値

# 1−1　企業価値評価とは何か

　市場経済においては、一般的に、企業（マネジメント）、投資家、債権者、消費者、従業員、販売先・仕入先企業、競合企業など対象企業を取り巻くステークホルダーがそれぞれの立場から企業価値評価を行っています。本書ではまず、「企業価値とは何か」から考えていきましょう。

　企業価値評価を行うにあたっては、【図表1−1】のとおり、取引先企業の事業や投融資がどれだけの価値を生み出しているかを把握するために、通常、バランスシートを組み換えて考えます。時価で把握を行い、営業資産から営業負債を差し引いた純営業資産が事業価値に対応し、事業価値に投融資（非営業資産）を加えたものが企業価値に対応します。

　また、ストックとフローとの対応関係では、事業活動で使用されている純営業資産から将来にわたって生み出される営業フリーキャッシュ・フロー（FCF）が事業価値に対応するリターンとなります。なお、【図表1−2】のとおり、事業価値を算出する際の、手法としてはDCF（ディスカウンテッド・キャッシュフロー）法が代表的であり、営業フリーキャッシュ・フロー（FCF）を適切な割引率（通常は負債コストと株主資本コストの加重平均であるWACC（加重平均資本コスト）を使用）で割り引くことで事業価値を計算します。

　ここで【図表1−2】にある事業価値の要素を分解するとよくわかりますが、事業価値を高めるには「営業フリーキャッシュ・フロー（FCF）を最大化する」および「割引率（ r ）を最小化する」の両方またはいずれかの対応が必要となります。金融機関の取引先の大半は非上場のオーナー企業が多いこともふまえると、エクイティとデットの資金調達をつど見直し、最適資本構成を構築していくといったMBA流の企業財務論は、あまりそぐわないと考えられます。換言すれば、金融機関の現場では、割引率を用いて精緻な企業価値評価を行うことは、事業売却や事業再生など特別なケースに限られると思われます。したがって、事業価値を高めるには「営業フリーキャッシュ・フロー（FCF）を最大化する⇒事業戦略により収益を向上させる」ことに焦点を絞る必要があります。これはまさに金融機関職員の皆さんが日頃行っている事業性評価に通じます。

　それでは、融資取引を行うための債権者としての企業価値評価とは何でしょうか。金融機関と取引先企業の長期的なリレーションを前提に、一定時点の過去の結果である財務分析を中心とした経営分析に基づく評価に依拠することなく、取引先企業をヒト・モノ・カネ・情報の観点から有機的にとらえ、外部環境もふまえて、取引先企業の将来の成長可能性とリスクを評価し、企業のゴーイング・コンサーンを前提としながら融資の

## 図表1-1 企業価値と事業価値の関係

### バランスシート

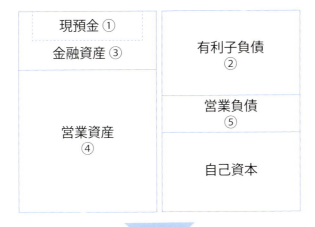

### 組換え後バランスシート
※時価で把握する

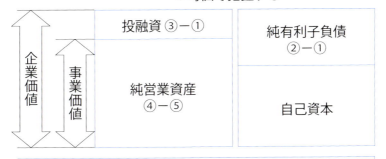

企業価値＝事業価値＋投融資（時価）

### ストックとフローの対応関係

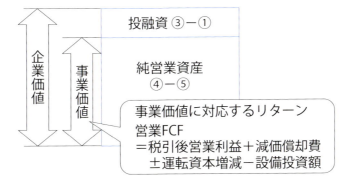

事業価値に対応するリターン
営業FCF
＝税引後営業利益＋減価償却費
　±運転資本増減－設備投資額

**図表1-2　事業価値を左右する要素**

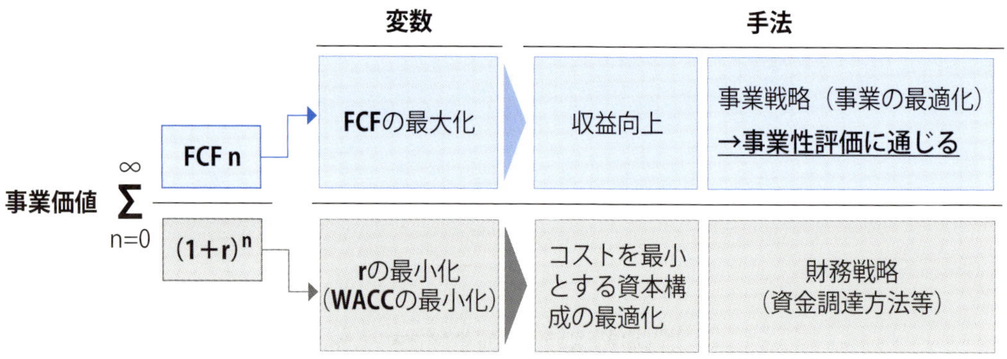

| | 変数 | | 手法 |
|---|---|---|---|
| | **FCFの最大化** | 収益向上 | 事業戦略（事業の最適化）<br>→事業性評価に通じる |
| | **rの最小化**<br>（**WACCの最小化**） | コストを最小とする資本構成の最適化 | 財務戦略<br>（資金調達方法等） |

$$事業価値 \quad \sum_{n=0}^{\infty} \frac{FCF_n}{(1+r)^n}$$

状態を定期的にチェックしていくことにほかなりません。

## 1-2　企業価値評価の意義

### ❶　金融機関にとっての意義

　銀行や信用金庫などの金融機関は本来の存在意義を発揮するためにも金融仲介機能の発揮が強く求められています。また、取引先企業との貸出取引を通じて得ている資金収益は金融機関の収益の根幹を占めています。ですから金融機関の経営の観点からみても、営業店において取引先企業と向き合いながら貸出取引を行うことはきわめて重い役割を担っているのです。

　さらに、金融機関と取引先企業との取引は、長期的なリレーションに基づくものであり、過去から現在、そして未来へとつながっていきます。単に貸出取引だけではなく、取引先企業が発展することで、預金取引、内国為替取引、外国為替取引、証券取引など多様な取引に派生し、金融機関の収益の拡大を図ることができます。一方、取引先企業の成長が止まり、業績不振や経営破綻の事態に陥れば、貸倒損失が発生し、これまで金融取引を通じて得た生涯収益以上に損失を被る可能性があります。

　したがって、ふだんから財務／経理担当者だけではなく、経営企画、総務／人事、製造、営業等の各部署との接点構築を図り、支店長や課長をうまく活用し経営者との面談を図るなど、取引先企業とのコミュニケーションをとりながら実態に迫り、反復して企業価値評価を行いつつ、既存融資ならびに新規融資の価値（≒回収可能性）を判断していくことは、金融機関にとって必須の永続的な作業であり、大変意義のあることとなります。

## ❷ 取引先企業にとっての意義

　一般的には中小企業を中心に金融機関の融資に資金調達を依存している企業が多く、金融機関との良好な関係を維持していくことは企業が事業を遂行していくために不可欠といえます。そのためには経営者は取引金融機関と自社の強みや課題を共有したうえでビジョンや経営方針への理解を得ることが必要です。そして、情報をできる限りオープンにし、良い情報よりもむしろ悪い情報を包み隠さず取引金融機関と共有し、取引金融機関の評価に基づいて自社の課題を見極めて、次の改善につなげることが重要となります。

　また、取引先企業の大半はオーナー企業であり、上場企業のように株主からのガバナンスがないため、取引金融機関が一定のガバナンスを担うことになります。取引金融機関の評価は取引先企業にとって必ずしも良い面ばかりではないですが、第三者としての客観的なアドバイスが受けられるメリットがあるほか、課題解決に向けたさまざまなソリューションの提供が期待できることも見逃せません。

　このように企業にとって取引金融機関の企業価値評価に基づく対応は、事業を遂行していくための伴走者としての機能に加えて、ふだんからコミュニケーションをとっていくことで緊急時などに素早く対応してもらえる保険的な要素もあり、大変意義のあることといえます。

　つまり、企業価値評価に基づく対応は金融機関と取引先企業の双方にメリットがあるわけです。

## 1－3　企業価値評価の目的

　それでは企業価値評価の意義をふまえて、どのような目的のために企業価値評価を実施していく必要があるのかを考えてみます。当然ながら金融機関において永続的な利益獲得につなげることが目的ですが、次の観点からの評価を忘れてはなりません。

①金融機関の取引方針など経済合理性から勘案して意義があること
②取引先企業が社会や地域経済の観点からみて意義があること
③取引先企業がまっとうな経営を行っていること

　まず、企業価値評価の一連の作業は、後述しますが、それなりに負荷がかかります。すべての取引先企業に対して実施していくことは恐らく金融機関にとって限界があると推察されます。したがって、金融機関の取引方針など経済合理性をもとに対象先を判断していく必要があります。営業店においても事業性評価担当部署など本部との擦り合わ

せも欠かせません。

　次に、取引先企業のもつ製品やサービスが社会や地域経済に貢献しているかどうかを評価していく必要があります。例えば、人口減少の激しい地域の自動車教習所から融資を相談されたケースを考えてみます。若年人口の減少に比例して入所者数は相対的に減少する可能性が高く、業績悪化懸念があることから融資判断も厳しくならざるをえません。一方、交通手段のない地方では運転免許は欠かせず、18歳になると免許を取得することが多い状況にあり、地域にとって教習所は不可欠なサービスです。ここでのポイントは、そのエリアの競争状況はどういう状況にあるのか、事業を遂行していくうえで指導員などの経営資源を安定的に有しているか、将来的に残存者利益を確保できる余地はあるか、などを冷静に判断し、その企業が地域にとって今後も必要不可欠と判断されれば、前向きに融資を行っていく必要があるものと考えます。

　また、取引先企業に対する融資の前提として、公序良俗に反しないか、反社会的勢力とつながりがないか、などは当然ですが、高い倫理観のある経営が行われているかを評価する視点は常にもっておくことが重要です。例えば、事業を急拡大している取引先企業があるとします。金融機関としては、取引先企業がM&Aを用いてさまざまな企業を買収しており、そのための旺盛な資金需要があることから良い融資先と考えがちです。一方、戦略のない本業以外の買収など、何のための事業拡大かがみえない、あるいは、内部管理がずさんでグループの資金貸借が不透明になっているため、資金が何に使われているかが不透明、さらに経営者一族と公私混同となっている、などのケースに出くわすこともありえます。このようなケースでは、マネジメントの経営方針を確認しつつ、倫理観のある経営が行われているかをしっかり判断していく必要があります。

## 1-4　企業価値評価の進め方

### ❶ 企業価値評価の手順

　企業価値評価の手順は、【図表1-3】のとおりです。

　【図表1-3】は、DCF法による企業価値評価を行う場合の一般的な流れを示しています。金融機関は、日頃の業務において、①与信額等に応じて対象先を選定し、②事業面と財務面を融合して分析し、③事業計画に基づき将来のキャッシュ・フローを予測する、までは行っているものと考えられますが、④割引率算定、⑤企業価値算定、までは特別な場合を除き、行われていないものと考えられます。

| 図表1−3　一般的な企業価値評価の流れ |
| --- |

対象先選定 → 事業面の分析 / 財務面の分析 → FCF予測（事業計画策定） → 割引率算定 → 企業価値算定

| 金融機関が通常行っている業務フロー | M&A・企業再生等特別な場合のフロー |

## ❷ 企業価値評価のための事前準備

　金融機関では取引先企業の財務分析資料や企業概況など情報が充実していることが通常ですが、一方で企業価値評価に必要な情報や資料がないケースも多いと推察されます。そこで営業店の平素からの心構えとして以下の対応が望まれます。

①取引先企業の事業に日頃から関心をもち、商品やサービスの内容、販売先や仕入先の情報について事前に調べておくこと

②取引先企業とのさまざまな階層や部署との接触を重ね、信頼を得ておくこと

③偏った先入観に陥らず自分なりの仮説をもっておくこと

　いざ企業価値評価を行うとなった場合、取引先企業の事業がわからない、取引先企業との信頼関係が構築できていないため必要な情報が入手できない、というようなことがあると前に進めません。また、自分なりの仮説をもっていないと取引先企業の話を鵜呑みにし、誤った初期対応になり、無駄な時間がかかってしまう可能性もあります。これを避けるためにも日頃からの心構えと対応が重要です。

第1章　企業価値と事業価値

# 第2章

## 「財務と非財務の融合」による
## 事業性評価

金融機関職員として事業性評価を行う場合の基本スタンスは「財務と非財務の融合」です。つまり、財務情報（決算書）を現在の成績表、非財務情報（業界動向、当社の事業モデル、経営者の手腕等）をその構成要素ととらえ、なぜ良い成績表と悪い成績表で差がついているのか？　その構成要素は今後も続くのか？　を考察し、将来の成績表を予測していきます。大まかな作業のステップとしては、以下のとおりです（詳細後述）。

　　－まず取引先の事業内容とビジネスモデルを把握し（儲ける仕組みは何か？）

　　－簡単な財務分析を通じて初期仮説を立て（堅調なのか不振なのか？）

　　－仮説を念頭にヒアリングや業界情報取得を行い（なぜそうなっているのか？）

　　－再び財務情報に立ち返って非財務情報を検証した後（本当にそう言えるのか？）

　　－非財務情報の変動可能性とともに将来を見通す（では今後どうなりそうなのか？）

　なお、こうした事業性評価の主たる担い手は現場（営業店）の融資／法人担当者です。集金業務、継続稟議等のルーティン業務を抱えていることもあり、本件作業にあっては、集中的にやるというより、ステップごとに取引先に教えを乞い適宜軌道修正を行いつつ、また上席を巻き込んで相談しながら進めるのが望ましいでしょう。むしろそのほうが、取引先にも「この担当（支店）はわが社のことを真剣に学ぼうとしてくれている」という想いが伝わり、信頼関係構築にもつながります。

## 2－1　事業内容／ビジネスモデルの把握

　事業内容の把握とは、当該企業の商売の仕組み、儲ける仕組み（＝銀行的には、返済原資を生む仕組み）を理解することです。経営陣や沿革、主力事業の把握等、みるべき項目はたくさんありますが、なかでも商流の把握は、事業上のリスク（＝返済原資を生めなくなる）の所在を確認する観点のうえで大変重要です。例えば、一般的かつ地域性が強いという点で、地域金融機関との取引も多いと思われる食品メーカー（漬物製造、本社高知）を想定して商流の把握を行うと【図表2－1】のようになります。

　この商流のなかで、中国生産業者からの野菜の仕入にかかる為替リスク、二次卸を中心とした販売先向けの回収リスク、等々は金融機関職員であれば当然押さえているはずです。しかし、図表中「a」の回収リスク、同「b」の在庫リスクはどうでしょう？「a」に関しては、勘定科目明細の仕入先と販売先の両方に当該仕入先が掲載されている点に気づかない限り外部からはみえにくいといえます（取引先は初めからそこまで親切に教えてくれません）。「b」についても、百貨店向けの売掛金残高がなぜか少ない、仕掛品でなく完成品在庫がやや多い、といった違和感をふまえてヒアリングしない限り、

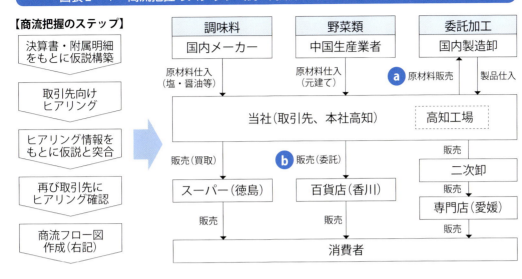

図表2-1 商流把握のステップ（例：高知県に本社を置く漬物メーカーを想定）

## 図表2-2 事業内容の把握：主要把握項目とその進め方

| No | 把握項目 | 確認方法/受入資料 | 進め方のポイント・留意点 |
|---|---|---|---|
| 1 | 会社沿革 | ・会社パンフレット<br>・ホームページ<br>・ヒアリング | 【狙い・意識する点】<br>・単なる年表列挙ではなく、これまでの経緯から当該企業のコアとなる考えやノウハウ、投資姿勢を想像することが重要。<br>【進め方のポイント】<br>・5年程度の長期スパンで大局的にとらえ"うねり"を見定める。<br>・代替り、新規事業進出、大規模投資、撤退等はターニングポイント。 |
| 2 | 主力事業 | ・セグメント別（※）売上／利益／資産情報<br>※部門別、商品別、販売先別、地域別等を想定 | 【狙い・意識する点】<br>・取引先の収益の源泉をとらえ、事業性評価の対象を絞り込む。<br>【進め方のポイント】<br>・基本的に内部情報のため徴求のハードルは高いが、会社沿革の確認からの流れで切り出すとスムーズ。<br>・事業セグメントがなくとも、販売先明細、拠点売上情報等から、根幹先や主力拠点は見極められる。 |
| 3 | 商流フロー | ・販売先別売上高<br>・仕入先別仕入高<br>・決算書附属明細書<br>・入出金情報<br>　－銀行データ<br>・ヒアリング | 【狙い・意識する点】<br>・事業上の儲ける仕組みとリスクの所在を確認する。<br>【進め方のポイント】<br>・事業内容をヒアリングした後、附属明細（売掛金、買掛金等）をベースに商流フロー図をつくる。<br>・これをもとにヒアリングで確認。適宜資料を受け入れ、期末残高ベースの数字をフローの取引金額に変換するなど、実態に近づけていく。 |

委託販売（＝百貨店が消費者に販売するまでは当社在庫）まではわかりません。

　また、商流の把握は事業の特性を浮き彫りにする観点上でも有効で、事例の漬物メーカーの場合、何らかの生産工程を一部仕入先に依存している（単なる繁閑調整か、仕入先に技術力を依存しているのかによって見方は大きく異なる）、主要販路は四国域内で、全国展開していないことまでわかります。

　こうした実態を把握するには、取引先へヒアリングだけで商流フロー図を作成するのではなく、ヒアリング情報と決算書の勘定科目明細の突合が必要です。勘定科目明細は、格付実態修正のためだけに使うものではなく、取引先の事業を知るうえで大変貴重な情報源といえます。

## 2－2　業界の把握

### ❶ 市場動向の把握

　市場動向を把握する理由は、事業性評価の観点から言えば企業業績（＝キャッシュ・フロー創出力）の決定要因となるためです。

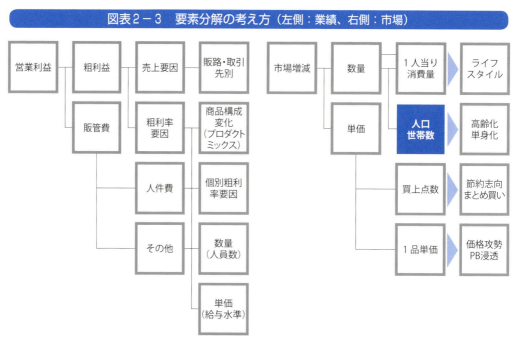

図表2－3　要素分解の考え方（左側：業績、右側：市場）

（注）【図表2－3】において、市場規模だけなら将来予測まで行うのは困難ですが、その構成要素として人口・世帯数まで導き出せれば、「国立社会保障・人口問題研究所」等の信頼のおける国立の研究機関が予測したデータを用いて将来予測にもつなげられます。

一般に市場が拡大していれば企業の業績は伸びるはずであり、その逆もまたしかり。将来予想にあたっては、代替品の登場や規制緩和など当該市場に影響を与えるトピックを洗い出すほか、【図表2−3】のように市場規模の構成要素を分解するのが有効です。その際、数量×単価だけでは先行きを見通すのがむずかしくても、「数量＝1人当り消費量×人口」、といった形でさらに分解していけば将来予想がしやすくなります。

図表2−4　業界の把握：主要把握項目とその進め方

| No | 把握項目 | 確認方法/受入資料 | 進め方のポイント・留意点 |
|---|---|---|---|
| 1 | 市場動向 | ・各種統計（前述）<br>－人口動態<br>－家計調査<br>－商業統計<br>－工業統計<br>　　　等 | 【狙い・意識する点】<br>・取引先業績の主たる決定要因。<br>　市場拡大下での業績不振、その逆の現象が起こっている場合は、当社に何らかの特長・問題がある。<br>【進め方のポイント】<br>・ニッチ市場など完全に一致する市場データがない場合、周辺市場から傾向値をみる、有り物で類推してみる（※）ことも有効。<br>　※家計調査の1世帯当り消費<br>　　金額×わが国世帯人口<br>・数量と単価に分けて考えれば、市場拡大／縮小のドライバーがわかり、将来も予想しやすくなる。 |
| 2 | 業界構造 | ・専門紙<br>－日経MJ<br>－日本産業新聞等<br>・矢野経済<br>・富士経済<br>・『業種別審査事典』<br>・業界団体資料 | 【狙い・意識する点】<br>・寡占／乱立→その業界は儲かりやすいのか？　固定的なのか？<br>・規制／代替品→その業界を大きく変動させる要因は何か？<br>・商流内のパワーバランス→仕入先や販売先に対して強い業界なのか？　例：中抜きされる卸 など<br>・強い業界＝成熟した業界＝上位寡占度が高い、という傾向がある。<br>【進め方のポイント】<br>・上記観点で公開情報をチェックした後にヒアリングで刷り合わせる。 |
| 3 | 取引先の業界ポジション | 〃 | 【狙い・意識する点】<br>・業界内での立ち位置を把握する。<br>【進め方のポイント】<br>・シェアをみる際は取引先が属する市場の対象範囲に留意。必要に応じて取引先単体だけでなく販社を含むグループでのシェア、メーカー系列による支配構造等も反映すると、より実態に近づく。<br>・シェア以外にも「価格帯」「品質」等で2軸マッピングすると業界内での立ち位置がみえやすい。 |

第2章　「財務と非財務の融合」による事業性評価

### ❷ 業界の把握

業界の特徴をつかむことも重要です。

上位寡占の業界なら参入企業の収益性は高く（儲かりやすい）、乱立業界なら新規参入余地はあっても競合激化で収益は低迷（儲かりにくい）、といった初期的な見方ができます。このほか、業界固有の商慣行も押さえておくのが望ましいでしょう。例えばメーカーからのリベートが無視できない収益源となる家電小売の場合、多額のリベートを営業外収益で処理することから、営業利益額と経常利益額が逆転するケースも散見されます。こうした点を押さえておけば、事業性の評価における着眼点も浮き彫りになる可能性が高まります。

なお、このような業界分析を行う場合、当該取引先が対象としている市場、および競合の範囲に留意する必要があります。特に地域金融機関の取引先においては、「国内全体市場でみても意味がない」「大都市の上場企業と比較しても……」というケースは多々あるでしょう。この点、まずは前述の商流分析も含めて事業内容をきちんと理解したうえで、消費財であれば厚生労働省／人口動態（県別人口推計）や総務省／家計調査（県別世帯消費）、経済産業省／商業統計（県別小売販売額・同店舗数）、産業財であれば経済産業省／工業統計（県別出荷額・同法人数）等により地域マクロデータを取得できます。ちなみに、業界ごとの特性を効率的につかむという意味では、当該業種・業界に知見のある外部業者を招聘して勉強会を開催し、着眼点を移植することも有効な手立てと考えられます。

## 2－3　当社の競争力

### ❶ 競争力のポイントとこれに照らした評価

競争力の評価とは、「なぜ当社は儲かっているのか？　それは今後も続くのか？　の答えとなる経営資源や企業活動」を導くことであり、事業性を評価するうえで最も重要なプロセスです。ただし、強みや弱みはあくまで相対評価であり、「他社に対して」という視点が必要となります。この点、【2－2　業界の把握】と関連づけるかたちで、他社およびその集合体である市場全体の売上推移や収益性と比較すること（乱立業界にもかかわらず高収益を上げている等）、またその理由を合理的にとらえるべく、当業界における競争力を決定づけるポイントを抽出し、対象企業の特徴や損益状態に照らしてこれを評価するのが有効なアプローチと考えられます。

### 図表2−5 小売業の事業特性と競争力を決定づけるポイント

| 小売業の特性 |
|---|

| 現金商売 | ハコモノ |
|---|---|
| →出店すれば回転差資金で資金を稼げる | →先行投資（新店は赤字）、返済原資はCF |

| 寡占度低 | 短いライフサイクル |
|---|---|
| →拡大意欲旺盛 | →消費嗜好の多様性を背景に業態の新陳代謝が激しい |

- 利益の源泉は新店でなく「既存店」
- 出店している限りカネは回るため、内的に支障を来していても積極姿勢が強く、決算上表面化した時点では手遅れのケースもある
- 一度悪くなると「スパイラル的に悪化」するため、これを「未然に防ぐ仕組み」が必要

| 小売業の競争力を決定づけるポイントと判断指標 |||
|---|---|---|
| ポイント | 考え方 | 主要判断指標 |
| 販売力 | 既存店を継続的に増収させる力 | 既存店伸び率 売場(坪)効率 |
| オペレーション力 | 売上低迷下でも安定した利益を創出する仕組み | 1人当り売場面積、パート比率 |
| 経営管理能力 | 環境変化や自社の状態に応じて適宜"守り"に転じられる姿勢・体制 | FCF(注)・レバレッジ倍率、店舗別損益と出退店ルール整備 |

(注) FCF：フリーキャッシュ・フロー、レバレッジ倍率：有利子負債÷償却前営業利益（借入償還年数の類似概念）。自社の収益力を上回る出店を続けながら、それが収益に結びついてない（＝既存店の低迷）と、上記2指標がいずれも悪化することとなり、これは経営管理能力が不十分であることを意味する。

　例えば、主要産業の1つである小売業について、業界・事業の特性をふまえて競争力を決定づけるポイントを考えると【図表2−5】のようになります。既存店（＝出店後13カ月以上経過した店舗）の売上高伸び率、売場／坪効率（単位面積当りの売上高）は同業種固有の競争力評価指標であるため、覚えておきましょう。これらの指標を同業他社や業界平均と比較し、相対的に良いのか悪いのかを見定めたうえで、その理由（店舗理知、価格帯（安さ）、品揃えの豊富さ、サービスの質等）につき、ヒアリングないし実査を通じて肚落としするというステップになります。

### ❷ 経営体制の評価

　他方、いまさら言うまでもありませんが、取引先の経営者の資質（含、経営体制）は事業性評価の観点でも当然ながら重要です。特に中堅・中小、オーナー企業の多い地域金融機関にとっては「経営者そのものが担保」というケースも少なくありません。この点、絶対的な評価ポイントとは言えないまでも、銀行として取引継続するための重要なポイントを以下に記載しますので参考にしてください。

➢ 経営者の資質
　− 常に悲観シナリオをもっている

| No | 把握項目 | 確認方法/受入資料 | 進め方のポイント・留意点 |
|---|---|---|---|
| 1 | 同業他社比較 | ・経済産業省／中小企業の経営指標<br>・TKC全国会／TKC経営指標<br>・帝国データバンク<br>・銀行内部データ（他店取引情報） | 【狙い・意識する点】<br>・取引先自身の損益・財務の過去比較に加え、他社およびその集合体である市場と比較することにより、取引先の収益状況に対する理解を深めるとともに、銀行内部での説明責任を果たす（取引先の鵜呑みでは貸出稟議は通らない）。<br>【進め方のポイント】<br>・同業他社情報は、左記のとおり、公開データの取得が可能。比較の際は、総花的に比較するのではなく、過去比較やヒアリングを通じて重点比較項目をあらかじめ定めておく。<br>※例：A社は工場マネジメントが得意と言っていたから、粗利率だけでなく、製造原価中の労務費を対売上水準で比較してみよう。 |
| 2 | 業界における競争力のポイント、およびこれに照らした競争力評価 | ・取引先、周辺企業へのヒアリング<br>・『業種別審査事典』<br>・各種専門誌<br>・株式公開企業のIR情報 | 【狙い・意識する点】<br>・財務情報と非財務情報を結びつけることが本項目の鍵。<br>【進め方のポイント】<br>・競争力のポイントは、前述の小売業のとおり、業種ごとに異なる。把握方法としては、<br>－業種別審査事典を調べる<br>－銀行内部の専門部隊（調査部、業種ソリューションチーム等）に聞く<br>－同業の株式公開企業のIR情報（アナリスト説明会）、業界専門誌、業界団体にあたる<br>－外部専門家（コンサルティング会社）に勉強会を開いてもらう<br>等のアプローチが考えられる。<br>・上記ポイントを把握した後、それに照らして取引先を評価していく。その際、財務情報だけでは限界があるため、適宜、営業資料等の内部情報の徴求、施設見学、取引先のユーザーとなる企業へのヒアリング、等を通じて補強する。 |

　　理由：業績不振や経営危機に直面した際には、対応のスピードがものを言うためです。あらかじめ検討しておいたシナリオに基づき、トップダウンで矢継ぎ早に改革を断行しない限り、危機は乗り越えられません。

　－社内にいい相談相手がいてその人の話に耳を傾けている

　　理由：独断専行リスクの大小をみます。特に金融機関（＝アップサイドを期待する投資家とは違う）にとっては、悪い時はもちろん、良い時であっても、社長の右腕となる個人や組織に相談しながら進める経営者でないと、ガバナンスも効かせられません。

－事業運営に優先順位をつけている(※)

　　理由：上述の悲観シナリオと同様の観点ですが、特に厳しい局面に陥った場合、経営の優先順位が定まっていないと、戦略・施策がぶれてしまい、金融機関としても将来の方針を共有できません。

※代々続く"のれん"、従業員の幸せ、継続的な利益成長、など経営者が重んじるものはさまざまですが、金融機関職員としては折に触れてその価値観を共有しておくのが望ましく、また、過去の業績不振時、企業としてどういった行動をとったかも、上記を裏付ける有効な判断材料となります。

➢　経営体制
－末端の従業員にまで危機回避の教育や意識づけがなされているか（風土の醸成）

　　理由：組織力をみる観点です。末端まで経営者の考えが浸透しているということは、経営と従業員の距離が近く、トップの指示に基づいて現場も迅速に動けることになります。

－経営トップの暴走を防ぐ牽制組織が要所に設置されているか、また同組織は実態的に機能しているか（経営の意向を伝えるだけに形骸化していないか）(※)

　　理由：これも経営の独断専行を防ぐためです。どんなに良くても"やりすぎ"は特に金融機関のように長期安定取引を志向する立場からは抑えてもらいたいところです。

－現場に対する管理・企画部門の適切なモニタリングが行われているか

　　理由：これはトップが決めた戦略・施策が現場で実行されているかという観点に加えて、現場の意識もトップと同じか、をチェックするもので、いわゆるPDCAが組織として回っているかをみます。

※これらは外部から表面的にみるだけでは把握しにくい事柄ばかりですが、金融機関職員としては、ふだんの銀行窓口である財務／経理担当のみならず、経営企画、総務／人事、製造、営業の各部門、あるいは現場従業員など多方面から情報を取り、取引先の組織実態に迫っていく必要があります。

## 2－4　損益財務

　損益財務分析に関しては、目的に応じて大きく2つのステップでとらえます。第1段階は、取引先の業績を大づかみで把握すること（堅調なのか不振なのか）。第2段階は、前述の業界分析や競争力分析と連動しながら、上記業績の背景を非財務情報も交えながら考察すること（なぜ堅調／不振なのか？）、です。

### ❶ 業績概要の把握

　まず第1段階は、取引先企業の「成長性」「収益性」「安全性」等について分析しま

す。金融機関職員であれば、ほぼ習得しているとみられますが、代表的な成長性・収益性・安全性につき、以下簡単に解説していきます。

### ①**成長性**（代表的な指標：売上高の伸び率、利益の伸び率）

文字どおり取引先企業にどの程度の成長力があるかということで、売上高や営業利益の増加額や伸び率をみるのが一般的です。前年比だけでなく、会社沿革もふまえながら中長期の推移を追うことにより、取引先企業の成長／衰退の軌跡もみえてきます。

### ②**収益性**（代表的な指標：売上高営業・経常利益率、総資本経常利益率）

端的に言えば、どれだけ儲かっているのかです。営業・経常利益を売上高で除した売上高営業・経常利益率が一般的ですが、キャッシュ・フローの視点で減価償却前の利益水準を分子にとる場合もあります。留意したいのは、「何に対して儲かっているか？」という視点です。例えば、卸売業（取引仲介マージンが主要収益、主な経営資源はヒト）であれば売上高営業利益率や同人件費率が有用ですが、自前工場を多く抱えるような製造業の場合（主な経営資源は設備）、対資産の視点で総資本経常利益率も重要な指標になります。

### ③**安全性**（代表的な指標：自己資本比率、有利子負債償還年数）

安全性とは、取引先企業の財務状況や資金繰りが健全かの観点であり、自己査定や格付資料の作成を通じて金融機関職員には最もなじみが深い領域と思われます。通常時の支払能力という意味では、流動比率（流動資産÷流動負債、200％以上が目安）や当座比率（当座資産÷流動負債、100％以上が目安）等があります。また、借入返済能力を含むバランスシート全体の健全性をみるうえでは、自己資本比率（自己資本÷総資産）、有利子負債償還年数（有利子負債÷キャッシュ・フロー（当期利益＋減価償却費 等、業種にもよるが10年超は要注意、以下CF））等があげられます。

なお、これらの指標をみる場合、例えば土地持ち企業は賃料が発生しない分、収益性は高いが有形固定資産の負担が重いなど、多くの指標がトレードオフの関係にある点に留意が必要です。したがって、取引先企業の実態に合わせてさまざまな側面からみていくことが肝要と言えます。

## ❷ 背景の深掘り

次は第2段階です。冒頭説明のとおり、金融機関職員としての事業性評価の要諦が「財務と非財務の融合」である点にかんがみれば、このステップはきわめて重要であり、融資／法人担当者の腕の見せ所と言ってもよいでしょう。以下、現場行員の接する

機会が多いと思われる深掘り項目について解説していきます。

### ①業績変化の要因分析

　まず、業績変化の要因分析について解説します。例えば、取引先の製鉄業者が「成長性」の観点で増収基調であったとしましょう。「あらかん」等の決算分析システムでわかるのは、せいぜい、「売上高の増加が続いている」程度です。しかし、取引先の協力を得て売上高を「数量×単価」に分けることができれば、営業努力（数量要因）なのか、市況上振れ（単価要因）なのかまではわかります。仮に営業努力であった場合、さらに得意先別売上高等の資料を受け入れることで、どこ向けが伸びたのかまで判明します。ここまでたどり着いたら、最後は当該企業向けの売上増の背景を取引先に聞く、あるいは当該企業の調達状況を新聞記事検索等でチェックしてみる、といった具合で実態に迫っていきます。

　「収益性」の観点も同様で、例えば取引先の食品メーカーにおいて、粗利率上昇や人件費率低下といった事実が判明したとします。この場合、取引先から原価明細を受け入れ、仕入原価と製造原価に分け、さらに製造原価を材料費・労務費・諸経費（工場の水道光熱費等）に分けていけば、材料費低減か歩留り改善か、あるいはパート活用による労働生産性の向上か、増収に伴う工場経費の負担低減か、といった原因はほぼ見当がつきます。このあたりは、損益分岐点分析でも代用可能です（原価と販売・管理費を固定費と変動費に分けて考える）。こうして背景を分析し終えたら、その仮説を念頭に置き、取引先へのヒアリングを通じて最終確認します。

　このように、業績変化の要因分析とは、銀行内の決算分析システムで判明した財務事象につき、「なぜそうなったのか？」を何度も繰り返しながら、追加資料の受入れを含め、もうひと手間かけて実態に迫っていくことです。この考え方は、同業他社比較を通じて取引先の収益力の優劣をみる際にも有効です。当該事業の将来性予測も、言葉自体はむずかしく聞こえますが、「なぜ現在がそうなっているのか」を深いレベルでつかむことが出発点かつ最も重要な作業であり、逆にそれができれば、将来予測の８割方はできていると思って差し支えないでしょう。

### ②セグメント別利益の考察（部門別／商品別等）

　次にセグメント別利益の考察について解説します。一般に、全社業績が好調であれ不調であれ、その中身は、部門別・事業別・地域別、あるいは商品別・取引先ごとに必ず濃淡があります。そのため、どの分野が収益の源泉で、逆にどこに課題を抱えているかを考察するのがこの作業です。この点、有価証券報告書上の「セグメント情報」のような資料を入手できれば造作もありませんが、地方金融機関の取引先ではそれも困難で、

部門別の売上高・粗利益情報が精いっぱいです（金融機関職員が知りたいのは部門別営業利益段階までですが、取引先はそこまで管理していないケースが多いのが一般的です）。

そこで上記を営業利益段階まで落とすのに有効なアプローチが“販管費の按分”という考え方であり、具体的には、販売管理費の主要費目である人件費、広告宣伝費、物流費等を各部門に配分していきます。何を基準に按分するかですが、人件費なら部門ごとの帰属従業員数、広告宣伝費や物流費なら同売上高、租税公課なら同固定資産、といった具合に、当該費目と連動性の高い情報を見定めることが重要です。なお、減価償却費は固定資産台帳、賃借料は決算書附属明細書等、明確に紐付けられる費目もあるため留意しておきましょう。

業績変化の要因分析と同様に、これもひと手間かかる作業ですが、事業性評価において外せない「主力事業の見極め」に役立ちます。加えて、取引先が自社内ではみえていない情報を、銀行側が一定のロジックにより可視化し、それをもとに事業の課題について取引先と会話することは、取引先の経営改善に資する動きとして大変重要な行動と言えます。

### ③その他有効なアプローチ（簡易連結、他社比較、CF変換）

このほか、特に現場行員にとって役に立つと思われる考え方やアプローチを以下に記載しますので参考にしてください。

➢ 簡易連結
  - オーナーの資力に依存している会社、資産管理会社や物流／調達子会社を有する会社など、取引先単体では実態をとらえきれない会社は実質同一体として把握します。
  - 簡易連結作業としては、損益計算書は、子会社向けの売上高／仕入高（原価）、販管費費目を相殺。貸借対照表では、売掛金／買掛金、貸付金／借入金を相殺し、自己資本関連は資本金の金額を取引先単体に合わせます。
➢ 他社比較
  - 「あらかん」等の決算分析システムでは、一般に当社の3〜5年の損益計算書、貸借対照表、主要財務指標の推移をみることができますが、あくまで当社の数値に限られることから、同業他社との相対的な優劣も確認するのが望ましいアプローチです。TKC経営指標（金融財政事情研究会刊の『業種別審査事典』に参考計数として掲載されているケースも多い）や他店取引先データであれば、営業店であっても取得しやすいでしょう。
  - 業績推移の深掘りと同様、定量的な優劣がわかった後は、「なぜそうなっているの

か？」につき、取引先ヒアリング等を通じて得心します。
- 損益情報（PL）→キャッシュ・フロー（CF）への変換
  - CF計算書に関しては、「あらかん」等で自動計算してくれるケースもありますが、金融機関職員であれば、簡易的にでも損益計算書をCF計算書に変換できるスキルを有しておくのが望ましいです。
  - 代表的なキャッシュ・フローの概念とその計算方法は以下のとおりです。
    ・EBITDA（※）：
    営業利益＋減価償却費、イービット・ダー（ディーエー）と読む
    ※<u>E</u>arnings <u>B</u>efore <u>I</u>nterest, <u>T</u>axes, <u>D</u>epreciation <u>a</u>nd <u>A</u>mortization
    →償却前営業利益。金利等の資金調達コストを加味しない営業ベースのCF
    ・フリーキャッシュ・フロー（FCF）：
    EBITDA－ネット支払金利－法人税－配当－役員賞与－経常資金（運転資金の増加額）－設備投資額（有形固定資産の増減＋当期減価償却実施額）
    →いわゆる純現金収支。FCFが赤字なら企業は資金調達が必要
  - こういったCFの考え方は、「会計上の損益だけでなく、実際のキャッシュの動きはどうなっているのか」に目を配る訓練としてはもちろん、例えば取引先が将来計画を持参した際などに役立ちます。【図表2-7】のとおり、取引先が持参した損益

## 図表2-7　損益情報のキャッシュ・フロー変換

【取引先が持参した中期計画】
（単位：百万円）

|  | 当期 | 来期 | 再来期 |
|---|---|---|---|
| 売上高 | 11,360 | 10,010 | 9,000 |
| 変動費 | 7,175 | 6,840 | 6,320 |
| 　原材料費 | 6,300 | 6,000 | 5,500 |
| 　水道電力費 | 560 | 540 | 520 |
| 　荷造運賃・外注費 | 315 | 300 | 300 |
| 限界利益 | 4,185 | 3,170 | 2,680 |
| 固定費 | 2,335 | 2,270 | 2,180 |
| 　人件費 | 1,361 | 1,360 | 1,300 |
| 　減価償却費 | 425 | 422 | 415 |
| 　賃借料 | 222 | 222 | 220 |
| 　支払利息 | 222 | 222 | 200 |
| 　その他費用 | 105 | 44 | 45 |
| 経常利益 | 1,850 | 900 | 500 |

■提出された中計から、減収減益が続く厳しい見込みまではわかるが、それ以上はわからない（「資金的には回る」と取引先は言う）。

法人税の見込み、配当・役員賞与等の社外流出方針、運転資本の見積り、設備投資の実績と将来見込み、をヒアリングし、CF変換

【追加情報を受け入れて変換したCF計算書】
（単位：百万円）

|  | 当期 | 来期 | 再来期 |
|---|---|---|---|
| 営業利益 | 2,072 | 1,122 | 700 |
| 減価償却費 | 425 | 422 | 415 |
| EBITDA | 2,497 | 1,544 | 1,115 |
| EBITDA | 2,497 | 1,544 | 1,115 |
| ネット支払金利（△） | 222 | 222 | 200 |
| 法人税等（△） | 201 | 100 | 120 |
| 配当（△） | 155 | 155 | 150 |
| 役員賞与（△） | 32 | 30 | 25 |
| 運転資金増加額（△） | 1,043 | ▲230 | ▲192 |
| 設備投資額（△） | 450 | 858 | 850 |
| フリーキャッシュ・フロー | 394 | 409 | ▲38 |

| 外部調達必要額 | 必要無 | 必要無 | 38 |
|---|---|---|---|

■CFに変換したことにより、再来期にはフリーキャッシュ・フローの赤字、つまり資金調達が必要なことが明らかに。

計画を、一部追加ヒアリングを織り交ぜながらCFに変換できれば、資金調達など銀行にとってビジネスチャンスにも発展しますし、「計画上の利益水準なら設備投資を抑制しないと回りませんよ」といったかたちで計画を叩き台とした取引先の経営指導にもつながります。

図表2－8　業界の把握：主要把握項目とその進め方

| No | 把握項目 | 確認方法/受入資料 | 進め方のポイント・留意点 |
|---|---|---|---|
| 1 | 業績概要の把握 | ・決算書<br>・「あらかん」等の決算分析システム | 【狙い・意識する点】<br>・3－1.事業内容の把握と並行して行う作業。大づかみで業績を概観し、強みや課題にあたりをつける。<br>【進め方のポイント】<br>・成長性、収益性、安全性の観点で分析。好調か不調か、財務健全か借入負担大か、程度でかまわない。 |
| 2 | 背景の深掘り①<br>－要因分析<br>－セグメント | ・ヒアリング<br>・取引先内部資料<br>　－数量・単価情報<br>　－損益費目詳細<br>　－管理会計資料<br>　－人員配置情報<br>　　　　　　等 | 【狙い・意識する点】<br>・上記の業績概要の背景について、非財務情報を交えて考察。なぜ？　を何度も繰り返す姿勢が重要。<br>【進め方のポイント】<br>・業績変化の要因分析は、<br>　a．マクロ：損益財務<br>　b．セミマクロ：数量・単価、管理会計等の内部定量<br>　　情報<br>　c．ミクロ：個別事象のヒアリング<br>へ徐々に分析範囲を狭めていくと得心しやすい。<br>・部門別利益等のセグメント情報の推定にあっては、宣伝費なら売上按分、人件費なら配属人員数按分など、当該費目と関連性の高い情報をキーとしてコスト配分。 |
| 3 | 背景の深掘り②<br>－簡易連結<br>－CF変換 | ・グループ会社情報<br>・オーナー資産状況<br>・ヒアリング | 【狙い・意識する点】<br>・簡易連結は実質同一体管理。<br>・PLのCF変換は、資金面での実態把握だけでなく、調達シナリオの議論を通じて取引先の経営指導に資する点で習得すべきスキル。<br>【進め方のポイント】<br>・CF変換は、損益情報を、前述のEBITDA、フリーキャッシュ・フロー（FCF）に変換。FCF把握には、設備投資、配当金・役員賞与等の社外流出につき取引先にヒアリングする必要がある。<br>・取引先が業績計画を持参した際はCFに変換し、資金的に無理がないかを検証する癖をつける。 |

### ❸ 結果から企業行動を考察

　損益財務の概要、およびその背景を把握したら、最後はその取りまとめです。重要なのは、単なる財務情報（結果指標／アウトプット）の羅列にとどまらず、その結果を出すに至った非財務情報（企業行動／インプット）を合わせて評価することであり、以下に稟議書等のコメントにおける良い例と悪い例をあげます。

【ここ数年業績改善している鉄鋼業者の貸出稟議あるいは格付申請のコメント】
- △：粗利率上昇と人件費率低下を主因に大幅業績改善
- ○：（数量×単価を分解、製造原価を徴求のうえ）ここ数年は、販売単価上昇に加え、工場の繁閑に応じた労務費コントロールを通じて粗利率改善がなされている。一方、販管費中では、営業人員のパート活用（正社員減）により人件費圧縮を実現
- ◎：（上記○に加え）ただし、来年以降は中国含め競合の製鉄工場が立ち上がり、供給過剰を通じた市況下落が予想されることに加え、足元の最低賃金逼迫状況をふまえると新たに起用したパート営業人員の単価上昇も懸念される。したがって、今期までの業績改善は来期以降困難とみるべき
- →ここまで記載し、ではどうするかを取引先と相談する姿勢が望ましい

## 2−5　総　括

　本章では、①取引先の事業概要（主力事業、沿革、商流フロー）を把握→②大づかみで財務（成長性・収益性・安全性）を概観→③なぜその結果（財務情報）になったのかに想いを巡らせながら業界（市場、業界構造、当社のポジション）を把握→④同様に同業界での競争力のポイントに照らして取引先の競争力を評価→⑤再び財務分析に立ち返って③と④を検証、という事業性評価における一連の流れを説明しました。

　こうして導き出した評価結果は、後述する【図表4−2】（42頁）のようなかたちでまとめるのが望ましいでしょう。その場合の、書式は自由です。銀行によってはすでに、自己査定上の「債務者の概況」をはじめ、各々の視点で取引先の事業実態を深掘りするフォームを整備していると思いますが、ここでの評価結果の記述も基本的にはそれに従うかたちでかまいません。ただし、事業性評価があくまで与信判断の一環（＝担保等に過度に依拠せず事業の将来キャッシュ・フローを軸に評価し貸出行為を行う）である以上、「首尾一貫した総合的な評価・見立てが必要」である点は、事業性評価を意識した事業

デューデリジェンス（以下、事業性評価）のルールとして常に念頭に置いてください。例えば、「市場は縮小ながら増収傾向。技術力はマルだが、収益性は低い」といったように、拡散的だったり、どっちつかずの評価では与信判断とは言えません。技術力が高いのであれば、何か財務指標に現れているはず（逆に定量的に証明できなければ、銀行的には技術力が高いとは認められない）との理解のもと、財務と非財務の矛盾を突き詰めながら、一本筋の通った評価に仕立てていくことがきわめて重要です。

　例えば、最近、各地域金融機関でも採用されるケースが多くなってきたSWOT分析は、取引先の強み・弱み・機会・脅威を網羅的に炙り出すという観点では優れていますが、上述の与信判断の観点では、各事象の評価が拡散する傾向がある点に留意してください。SWOT分析は、現状を整理して将来の戦略を立てて、当該分析をもとに取引先と会話するケースにおいて本領を発揮します（詳細は第4章で述べます）。

### 図表2-9　事業性評価を意識した事業デューデリジェンス（構成）

| 目次 | 概要と整理ポイント |
|---|---|
| Ⅰ　事業概要 | ■当該企業の儲ける仕組みを財務情報と照らし合わせて理解 |
| 　-ⅰ　会社情報・沿革 | ■概要整理。沿革は当該企業の経営姿勢を知るうえで重要な情報 |
| 　-ⅱ　事業内容・商流 | ■部門別データ等で主力事業を見極め、商流・取引形態は、決算附属明細の勘定科目と突合して整理 |
| 　-ⅲ　業績推移（要約） | ■5年・10年と長期的にどう推移してきたかを整理（詳細分析は第Ⅳ章） |
| Ⅱ　業界動向 | ■企業業績の決定要因＝業界自体の成長性＋業界内での企業間格差 |
| 　-ⅰ　市場動向 | ■業界そのものは成長なのか衰退なのか→当社の売上との整合性 |
| 　-ⅱ　業界構造 | ■寡占市場か乱立市場か、当社の立ち位置はどうかを整理。業界シェアを論じるは切り口に留意（全国／地域、系列の観点等） |
| 　-ⅲ　競争力のポイント | ■当業界で勝ち残るためのポイントを大きく3点ほど整理（製造／非製造、寡占／乱立など業界ごとにポイントは異なる） |
| Ⅲ　当社の競争力 | ■当業界における競争力のポイントと照らして評価（技術力：○、販売力：×、管理体制：△、等） |
| Ⅳ　損益・財務（詳細） | ■Ⅱ章・Ⅲ章の結果として業績好調／低迷があると整理<br>※Ⅱ・Ⅲ章で○なのに、Ⅳ章で×は原則ありえない |
| Ⅴ　総括 | ■前章までをふまえた今後の見通しおよび企業全体の評価 |

※上表で紹介している書式は、金融庁が紹介している3Cのフレームワークに通じるものがあり、事業内容と競争力評価をCompany、市場の把握をCustomer、業界および競争力のポイントの把握をCompetitorととらえれば符合する。

# 第3章

事業性評価のための
決算書、資金繰り表の読み方

## 3-1 決算書の読み方

### 1 決算書の読み方

　一般的に決算書と呼ばれるのは「損益計算書（PL）」「貸借対照表（BS）」「キャッシュ・フロー計算書（CF）」の3つです。非上場会社においては、損益計算書（PL）と貸借対照表（BS）は作成していますが、キャッシュ・フロー計算書（CF）まで作成している会社はほとんどありません。

　決算書には、会社の事業活動が数値として記録されており、人間にたとえると健康診断書のようなものです。会社の業績や資金繰りが少しずつ変化してきたとき、必ずその兆候が決算書には現れています。業績や資金繰りが変化している状況を決算書から読み取ることができない場合、そのまま何も対策を立てずに放置することになりかねません。したがって、業績の悪化等の変化に対して、決算書の数値から兆候をつかみ、取引先の課題を理解し、潜在的なリスクを察知することが重要となります。

　決算書の読み方として、損益計算書（PL）と貸借対照表（BS）とのつながりを事業活動の流れと関連づけて理解することが重要です。

　事業活動の流れは、【図表3－1】のように①BSの右側（負債と純資産）で資金を調達する、②調達した資金をBSの左側（資産）に投資する、③資産に投資を行った結果とし

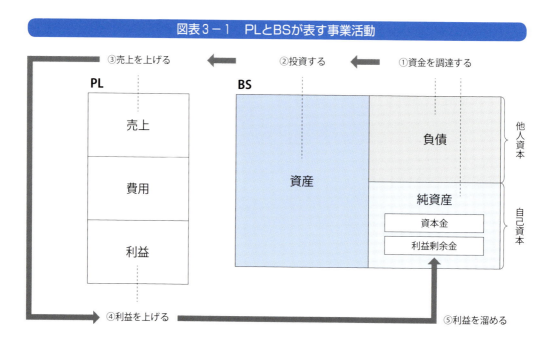

図表3－1　PLとBSが表す事業活動

てPLに売上が計上される、④売上から費用を払った残りがPLの利益になる、⑤PLの利益は純資産（利益剰余金）に溜め込まれて次の投資が行われる、となり、お金が日々循環しています。

非上場会社のうち、会社法上の大会社（資本金5億円以上または負債200億円以上）以外は監査法人の会計監査を受けていない会社がほとんどです。このため、その時々の企業の置かれた状況等により、決算書には金融機関向けに利益を過大にしたものもあれば、節税のために利益を過小にしたものもあり、記載されている数値は必ずしも実態を表していません。

そのため、もっと実態に迫るのであれば、「損益計算書（PL）」と「貸借対照表（BS）」の財務比率分析だけでは十分ではなく、追加資料として「勘定科目内訳書」「固定資産台帳」「法人税申告書」「月次試算表（TB）」等を入手して、もっと具体的な情報まで掘り下げて経営状況を把握することが重要となります。

## ❷ 損益計算書（PL）の読み方

損益計算書（PL）とは、収益から費用を差し引いて利益を示しているものであり、5つの利益が並んでいます。①売上高−売上原価から「売上総利益」、②売上総利益−販売管理費から「営業利益」、③営業利益±営業外損益から「経常利益」、④経常利益±特別損益から「税引き前当期純利益」、⑤税引き前当期純利益−法人税等から「当期純利益」となります。

この5つの利益のうち「経常利益」は、営業外費用として支払利息が含まれており、「経常利益」が黒字の会社は通常の事業活動から得られる利益によって利息を払える会社と言えます。

以下、収益、費用、利益の各項目について具体的に説明していきます。

### ①売 上 高
直近1年分の売上だけではなく、直近3〜5年程度の売上推移をみることが重要であり、売上が伸びている「増収傾向」の会社なのか、売上が下がり続けている「減収傾向」の会社なのかの傾向値をつかむことが必要です。

また、売上がどのくらい安定しているかどうかも重要であり、売上が安定している会社は、事業基盤がしっかりしていて今後も継続して売上を計上する可能性が高いと予想できます。一方、売上の変動が激しい会社は、事業基盤が脆弱であるか、または業界全体の影響を大きく受ける体質であるか、等の可能性があり、今後の売上予測については注意が必要となります。

さらに、売上内訳（事業別、得意先別、製品別など）の明細データを入手して、売上の増減内容をより具体的に把握し、どの事業が伸びているのか、取引が減っている得意先はないか、販売単価が低下している製品はないか、等を確認することが重要です。

### ②売上原価・売上総利益

売上原価額および売上総利益額だけではなく、売上高と同様に直近3〜5年程度の売上原価率および売上総利益率（粗利率）の推移をみることが重要であり、特に売上総利益率（粗利率）については、業界特性やビジネスモデルにより特色が異なっており、競合他社比較に基づく立ち位置の確認が必要となります。

売上原価には、小売業や卸売業では「商品仕入高」、製造業では「材料費」や「外注加工費」といった勘定があり、一般的に変動費と位置づけられています。それらの勘定が売上高に対して大きな部分を占めていることもあり、売上高の増減に応じて売上原価および売上総利益も同様に変化します。したがって、売上総利益率が改善している場合は、要因として、①販売単価の上昇、②仕入単価の低下、③セールスミックスの変化（利益率の高い商品の販売割合上昇）、等を確認することが必要です。

また、売上原価は、【図表3－2】のように期首棚卸高＋当期商品仕入高（当期製品製造原価）－期末棚卸高から算出され、期末棚卸高は貸借対照表（BS）上の棚卸資産（商品ないしは製品）と一致しており、期末棚卸高が増加すると売上原価が減少する関係にあります。棚卸資産残高の推移をみることも重要であり、棚卸資産が急激に増加している場合には、架空在庫を計上し、売上原価を減少させる粉飾決算を行っている可能性が

### 図表3－2　売上原価と棚卸資産の関係

売上原価＝期首棚卸高＋当期商品仕入高（当期製品製造原価）－期末棚卸高

**PL**

| 項目 | 2016年 |
| --- | --- |
| 売上高 | 100 |
| 売上原価 | |
| 　期首棚卸高 | 20 |
| 　当期商品仕入高 | ＋30 |
| 　当期製品製造原価 | ＋40 |
| 　期末棚卸高 | －30 |
| 売上総利益 | 40 |

**BS**

| 項目 | 2015年 | 2016年 |
| --- | --- | --- |
| 棚卸資産 | 20 | 30 |

期末棚卸高が増えると、売上原価が減って、売上総利益が増える

あります。

### ③販売管理費・営業利益

　販売管理費は、人件費と経費に分けられます。人件費は「役員報酬」「給料手当」「賞与」「法定福利費」「福利厚生費」「退職金」等から構成されており、役員報酬については「勘定科目内訳書」に誰にいくら支払われたかが記載されています。特にオーナー企業の場合には、役員報酬の多寡だけではなく、「役員貸付金」および「役員借入金の返済」も合わせたうえで、役員が受け取っている収入をみることが必要です。

　経費は「広告宣伝費」「運賃」「接待交際費」「地代家賃」「減価償却費」等から構成されています。減価償却費は非現金支出費用（キャッシュアウトなし）であり、法人税法上、税法の規定による償却限度額の範囲内で会社が自由に決めることができ、意図的に過少計上しても税法上は問題がないので、会社が赤字のときには、減価償却費を過少計上している会社もあります。適正に計上しているかどうかについては、「法人税申告書／別表16」における「当期分の償却限度額」と「当期償却額」により確認することができます。

　売上総利益から販売管理費を控除した利益が「営業利益」であり、本業の儲けを表しています。また、「営業利益」に非現金支出費用である「減価償却費」をプラスしたものが第2章でも説明した「EBITDA」であり、キャッシュベースの利益を表しています。

### ④営業外損益・経常利益

　営業外損益のうち、営業外収益は「受取利息」「受取配当金」「雑収入」等があり、営業外費用は「支払利息」「保証料」「雑損失」等があります。「雑収入」および「雑損失」については、「勘定科目内訳書」に内訳が記載されており、保険解約金等「経常的とは言えない項目」の有無を確認することが必要です。

　営業利益に営業外損益を加減算した「経常利益」が黒字の会社は、通常の事業活動から得られる利益によって利息を払える会社と言えます。

### ⑤特別損益・法人税等

　特別損益のうち、特別利益は「固定資産売却益」「投資有価証券売却益」等があり、特別損失は「固定資産売却損」「投資有価証券売却損」等があります。これらは、臨時損益および前期損益修正など特別な損益であり、通常の事業活動による損益ではありません。

　法人税等は、「法人税」「法人住民税」「法人事業税」等から構成されており、税引き

前利益に対して法人税等が少ないとき、赤字を繰り越して損金算入（繰越控除）をしているかどうかについて、「法人税申告書／別表7」の「繰越欠損金」の状況を確認することが必要です。

### ❸ 貸借対照表（BS）の読み方

貸借対照表（BS）とは、左側（借方）は「資産」、右側（貸方）は「負債」と「純資産」で構成されており、資産の合計と負債および純資産の合計は一致（貸借一致）しています。貸借対照表（BS）を読むときは、借入金等の負債（→他人資本）および純資産（→自己資本）の調達資本を棚卸資産・建物設備等の資産へいくら投資しているのかを紐付けてみることが必要です。

最も重要な項目は資本金や剰余金等を合計した「純資産」であり、純資産がマイナスの会社は「債務超過」といって、土地等に含み益がない場合には資産を全部売っても負債を返済することができない状態を表しています。決算書上は、債務超過ではないとしても資産の時価評価や簿外負債等を加味した「実態バランスシート」を作成して実態債務超過かどうかを判断することが必要です。

ここから先、資産・負債項目を具体的に説明していきます。

#### 図表3－3　貸借対照表（BS）

| 項目 | 2016年 | 項目 | 2016年 |
|---|---|---|---|
| 現預金 | 100 | 支払手形 | 100 |
| 受取手形 | 150 | 買掛金 | 200 |
| 売掛金 | 250 | 短期借入金 | 450 |
| 棚卸資産 | 300 | 　流動負債 | 750 |
| 　流動資産 | 800 | 長期借入金 | 800 |
| 建物 | 500 | 　固定負債 | 800 |
| 機械装置 | 200 | 　負債合計 | 1,550 |
| 土地 | 400 | | |
| 投資有価証券 | 100 | 資本金 | 100 |
| 　固定資産 | 1,200 | 利益剰余金 | 400 |
| 　繰延資産 | 50 | 　純資産合計 | 500 |
| 　資産合計 | 2,050 | 　負債・純資産合計 | 2,050 |

#### ①資産項目

●現預金

「現預金」は、資金繰りと整合的にみる重要な項目です。まず、可能であれば、現金実査表や預金通帳、残高証明書等から類推し、現預金残高が実在するかどうかを確認することも必要です。特に、オーナー企業では、現預金がオーナー一族への短期貸付金に振り替わっていたりするなど、どんぶり勘定の会社に出くわすこともあります。現預金の増減をみるときには、同時に流動資産および流動負債や借入金の動きなどをあわせて確認することが必要です。また、預金の内訳について、「勘定科目内訳書」から余資運用として定期預金等の固定性預金がどれくらいあるか、拘束的な預金の有無を含めて確認することも必要です。

●売上債権

売上債権である「受取手形」および「売掛金」は、回転期間分析として、売上債権残高を平均月商で割った回転月数（回収サイト）について、同業との比較や直近3〜5期の推移をみて、平均的なサイトからの乖離や異常な増減がないかを確認します。また、売上債権の内訳について、「勘定科目内訳書」には得意先名と金額が記載されており、主な販売先を把握するとともに、同じ相手に同じ金額の受取手形や売掛金が何期かにわたって継続的に記載がある場合には滞留債権の可能性にも目を向けましょう。

なお、運転資金における資金使途の根拠となる「経常運転資金」（＝売上債権＋棚卸資産－仕入債務）については、後述します。

●棚卸資産

「商品」「製品」「原材料」「仕掛品」等の棚卸資産についても、回転期間分析として、棚卸資産残高を平均月商で割った回転月数（滞留期間）について、同業との比較や直近3〜5期の推移をみて、平均的なサイトからの乖離や異常な増減がないかどうかを確認することが必要です。特に、平均的なサイトからの乖離が大きい場合、ビジネスモデルに照らして、妥当な水準か、不良在庫はないか、在庫の実態はあるか、など問題意識をもってみる癖をつけましょう。

●固定資産

「有形固定資産」「無形固定資産」等の償却性資産について、固定資産台帳などを確認することで設備の更新はいつのタイミングか、適切な更新がなされているか、をつかむとともに、償却限度額と照らし合わせて償却不足があるかどうかも確認が必要です。

また、固定資産については、工場や機械装置等の「事業用資産」と遊休地やゴルフ会員権等の「非事業用資産」に区分することができます。非事業用資産については、一

般的に時価で評価することが必要となりますが、回収困難なものが含まれていないかどうかも含めて確認する必要があります。

● 繰延資産

会計上の繰延資産には「創立費」「開業費」「開発費」等があり、支出する費用でその支出効果が1年以上に及ぶものと定義されています。実際には、一度に経費を計上すると赤字になってしまうため、繰延資産として計上した会社もありますので、計上が適切か、償却が正しく行われているかを確認する必要があります。

### ②負債項目

● 仕入債務

仕入債務である「支払手形」および「買掛金」については、回転期間分析として、支払債務残高を平均月商で割った回転月数について、同業との比較や直近3〜5期の推移をみる必要があります。資金繰り面を勘案すると一般的に回転月数は長いほうが良いと言われていますが、ビジネスモデルと照らして妥当か、支払繰延等を行っていないか、などに留意しておく必要があります。

● 借入金

金融機関からの「借入金」について、残高が減少している会社は一般的に健全とみられますが、経常運転資金、会社の利益やキャッシュ・フロー創出力との水準で判断する必要があります。なお、代表的な指標として、借入金残高を平均月商で割った「借入金月商倍率」があります。例えば、製造業の借入金月商倍率では平均5〜6カ月であり、平均を大きく上回ると調達余力は乏しいといったような判断をすることが多いですが、製造業では加工賃のみの会社もあり一概には言えませんので、ビジネスモデルに照らしてみることが必要です。

「経常運転資金」とは、仕入⇒在庫⇒販売⇒回収の営業サイクルにおいて、経常的に必要となる資金のことであり、「経常運転資金＝売上債権＋棚卸資産−仕入債務」により算出します。この算出された経常運転資金は、既存の運転資金融資の判断材料となり、仮に経常運転資金に現預金を加えた金額が金融機関からの運転資金総額を下回るのであれば、実質固定資産を支える融資と判断します。なお、経常運転資金は不良債権や不良在庫等を控除した実質金額で判断します。

### ❹ 月次試算表の読み方

試算表とは、決算書の作成前段階において、仕訳や金額の転記作業にミスがないかを確認するためにつくります。取引先から決算書を入手する際には、過去2〜3期分の月次試算表推移（PL、BS）および当期（直近）の月次試算表推移（PL、BS）についても入

手することが必要です。


### ①月次試算表推移（PL）

「売上高」について、月別売上の推移および前年同月比による季節性等を確認して、増収傾向なのか減収傾向なのかの「トレンド」をみることが必要です。当該トレンドから進行期における着地予想を作成して、毎月更新することも必要です。

「売上総利益率（粗利率）」について月次推移で異常がないかどうか、人件費および経費等についても月次で増加している項目の有無、経常利益段階で各月での利益を確保できているかどうかを確認することが必要です。


### ②月次試算表推移（BS）

「現預金」について、まず、いますぐに使える資金がいくらあるのかを残高水準をみて確認することが必要です。例えば、小売業ではレジにある現金などはすぐに使える資金ではないので控除する必要があります。また、定期預金等の固定性預金もすぐに使える資金とみなさない場合がありますので、これらを控除して、月商以下の現預金残高になっているようだと資金繰りに余裕があるとは言えないこともありえます。

また、「現預金」の増減要因も重要であり、受取手形・売掛金・棚卸資産・支払手形・仕入債務等の「経常運転資金」「貸付金」「借入金」等の主要数値の推移から推測することが必要です。

「利益剰余金」について、前月末の利益剰余金に、当月の純利益（損失）を足した金額が当月の利益剰余金残高になりますので、月次での利益確保を確認することが必要です。


## 3－2　資金繰り表の読み方

### ❶ 資金繰り表の読み方

決算書と違って資金繰り表には、決まったひな型はありませんが、通常、①経常収支（売上代金－仕入代金・人件費および経費支払）、②経常外収支（固定資産等売却収入－固定資産等購入支払）、③財務収支（借入金調達－借入金返済）と３つの収支に区分します。資金の範囲として、定期預金等の流動性が比較的低いものは一般的に別枠で管理しておき、現金や当座預金、普通預金等の流動性の高い資産が資金繰り上の資金となります。

取引先から資金繰り表を入手する際には、過去の資金繰り実績表だけではなく、【図

表3-4】のような当期（直近）の資金繰り実績予定表（最低でも3～6カ月予定、できれば年間予定）を入手することが必須となります。資金繰り実績予定表が年間の社内予算と比較して適切か、予定と実績の乖離がないかをみることが重要であり、予実差異が大きい場合には、資金繰り計画の精緻化を指導していくことも必要です。なお、経営環

## 図表3-4　資金繰り実績予定表

| | | 実績4月 | 実績5月 | 実績6月 | 実績7月 | 実績8月 | 実績9月 | 予定10月 | 予定11月 | 予定12月 | 予定1月 | 予定2月 | 予定3月 | 合計 |
|---|---|---|---|---|---|---|---|---|---|---|---|---|---|---|
| 前月繰越金（A） | | 300 | 295 | 295 | 215 | 160 | 175 | 490 | 215 | 260 | 350 | 375 | 335 | |
| 経常収支 | 現金売上 | 10 | 15 | 20 | 10 | 15 | 10 | 10 | 10 | 10 | 10 | 10 | 10 | 140 |
| | 売掛金現金回収 | 100 | 120 | 150 | 120 | 100 | 120 | 120 | 150 | 120 | 120 | 100 | 150 | 1,470 |
| | 手形期日落 | 70 | 50 | 100 | 50 | 70 | 100 | 70 | 100 | 50 | 70 | 50 | 100 | 880 |
| | その他 | 5 | 5 | 5 | 5 | 5 | 5 | 5 | 5 | 5 | 5 | 5 | 5 | 60 |
| | 収入合計（B） | 185 | 190 | 275 | 185 | 190 | 235 | 205 | 265 | 185 | 205 | 165 | 265 | 2,550 |
| | 現金仕入 | 10 | 10 | 15 | 10 | 10 | 15 | 10 | 10 | 10 | 10 | 10 | 10 | 130 |
| | 買掛金現金支払 | 50 | 70 | 50 | 100 | 50 | 70 | 50 | 70 | 100 | 50 | 70 | 100 | 830 |
| | 手形決済 | 50 | 30 | 50 | 30 | 30 | 50 | 30 | 50 | 30 | 30 | 30 | 50 | 460 |
| | 人件費 | 40 | 40 | 40 | 60 | 40 | 40 | 40 | 40 | 40 | 40 | 40 | 40 | 520 |
| | その他経費 | 10 | 5 | 15 | 5 | 10 | 5 | 10 | 10 | 5 | 10 | 15 | | 100 |
| | 支出合計（C） | 160 | 155 | 170 | 205 | 140 | 180 | 140 | 180 | 205 | 140 | 165 | 200 | 2,040 |
| | 差引収支過不足（D=B−C） | 25 | 35 | 105 | ▲20 | 50 | 55 | 65 | 85 | ▲20 | 65 | 0 | 65 | 510 |
| 経常外収支 | 固定資産等売却収入 | 0 | 0 | 0 | 0 | 0 | 0 | 0 | 0 | 100 | 0 | 0 | 0 | 100 |
| | 収入合計（E） | 0 | 0 | 0 | 0 | 0 | 0 | 0 | 0 | 100 | 0 | 0 | 0 | 100 |
| | 固定資産等購入支払 | 0 | 0 | 200 | 0 | 0 | 0 | 300 | 0 | 0 | 0 | 0 | 0 | 500 |
| | 支出合計（F） | 0 | 0 | 200 | 0 | 0 | 0 | 300 | 0 | 0 | 0 | 0 | 0 | 500 |
| | 差引収支過不足（G=E−F） | 0 | 0 | ▲200 | 0 | 0 | 0 | ▲300 | 0 | 100 | 0 | 0 | 0 | ▲400 |
| 財務収支 | 借入金調達 | 0 | 0 | 0 | 0 | 0 | 300 | 0 | 0 | 0 | 0 | 0 | 0 | 300 |
| | 固定性預金取崩し | 0 | 0 | 50 | 0 | 0 | 0 | 0 | 0 | 0 | 50 | 0 | 0 | 100 |
| | 収入合計（H） | 0 | 0 | 50 | 0 | 0 | 300 | 0 | 0 | 0 | 50 | 0 | 0 | 400 |
| | 借入金返済 | 25 | 30 | 30 | 30 | 30 | 35 | 35 | 35 | 35 | 35 | 35 | 35 | 390 |
| | 固定性預金預入れ | 5 | 5 | 5 | 5 | 5 | 5 | 5 | 5 | 5 | 5 | 5 | 5 | 60 |
| | 支出合計（ I ） | 30 | 35 | 35 | 35 | 35 | 40 | 40 | 40 | 40 | 40 | 40 | 40 | 450 |
| | 差引収支過不足（J=H−I） | ▲30 | ▲35 | 15 | ▲35 | ▲35 | 260 | ▲40 | ▲40 | 10 | ▲40 | ▲40 | ▲40 | ▲50 |
| 翌月繰越金（A+D+G+J） | | 295 | 295 | 215 | 160 | 175 | 490 | 215 | 260 | 350 | 375 | 335 | 360 | |

境の急変等により資金繰りが厳しくなった会社については、月次での資金繰り表をみているだけでは不十分であり、資金繰り破綻を避けるべく、日繰りでの資金繰り表も合わせてみることになる場合もあります。

### ①経常収支

経常収支は本業での資金収支を表しており、資金繰り表のなかで最も重要な確認項目です。納税や賞与等の一時的な支出がある月は経常収支がマイナスになることはあっても、3～12カ月といった一定期間の経常収支がプラスになっていることが必要です。人件費および経費支払について賞与や退職金など一時的な支出を除いて月次での変動は少ないですが、「売上代金」と「仕入代金」については、売上高と仕入高の増減および回収・支払サイトによって大きく変動することがありますので、変動要因について確認することが必要です。

【図表3－5】のように売上高／仕入高と売上代金／仕入代金の関係を示すと、例えば2カ月間における売上300、仕入240、利益60の月次資金繰りでは、回収・支払サイトの違いにより、月次の収支は当初マイナス、最終月で大きくプラスとなっていくことがわかります。この当初マイナスは一定時点のものではありますが、手元の現預金が少ない場合、運転資金が必要となる状態と言えます。

### ②経常外収支

経常外収支については、主に工場や店舗の建設、機械等の購入といった設備投資での

#### 図表3－5　売上高・仕入高と売上代金・仕入代金の関係

| | | 4月 | 5月 | 6月 | 7月 | 8月 | 9月 | 合計 | |
|---|---|---|---|---|---|---|---|---|---|
| 売上高 | | 100 | 200 | | | | | 300 | |
| 売上代金 | 現金売上（20%） | 20 | 40 | | | | | 60 | 当月発生売上・当月入金 |
| | 売掛金現金回収（40%） | | | 40 | 80 | | | 120 | 売掛金サイト2カ月 |
| | 手形期日落（40%） | | | | | 40 | 80 | 120 | 受取手形サイト4カ月 |
| | 収入合計（A） | 20 | 40 | 40 | 80 | 40 | 80 | 300 | |
| 仕入高 | | 80 | 160 | | | | | 240 | |
| 仕入代金 | 現金仕入（30%） | 24 | 48 | | | | | 72 | 当月発生仕入・当月出金 |
| | 買掛金現金支払（40%） | | 32 | 64 | | | | 96 | 買掛金サイト1カ月 |
| | 手形決済（30%） | | | | 24 | 48 | | 72 | 支払手形サイト3カ月 |
| | 支出合計（B） | 24 | 80 | 64 | 24 | 48 | | 240 | |
| 差引収支過不足（C=A−B） | | ▲4 | ▲40 | ▲24 | 56 | ▲8 | 80 | 60 | |

支出が多く、通常、収支はマイナスになっていることが多いです。設備投資には多額の資金が必要となる場合もありますので、設備投資の時期および金額、金融機関からの借入等による資金調達とあわせて、資金繰りに整合性があるかも確認していくことが必要です。

### ③財務収支

財務収支については、毎月の借入金返済額が経常収支内に収まっているかどうかを確認することが必要であり、収まっていない場合には年度の事業活動からの利益では借入金の返済ができていない状況ということになります。このような場合には、キャッシュ・フローと借入金返済額が見合っていないことから、年度資金借入の検討など何らかの対応が必要となります。

現預金残高について、一般的には残高水準は少なくとも月商以上の残高は必要ですが、月中での入金・出金額および時期を考慮して、必要最低残高水準を把握することが必要です。

## ❷ 資金繰り表の作成・精緻化依頼

資金繰り表については、まずは取引先が資金繰り表を作成しているか否かを確認し、すでに作成されている場合にはそれを入手してヒアリングを行い、会社がどのような前提で資金繰り表を作成しているかの実態を把握することが必要です。実際、資金繰り実績表は、仕訳データがあれば、各月ごとの仕訳データをもとに現金・預金が動く取引を抽出して、①経常収支、②経常外収支、③財務収支、に区分して精緻に作成することができますが、それがむずかしい場合も多く、その場合には過去の資金繰り実績表から精緻化していくことが早道となります。それでは、資金繰り実績予定表の作成を具体的に説明していきます。

### ①売上高・仕入高

過去実績をもとに今期の業績予想を織り込んだうえで季節性等も考慮して、「予想売上高」・「予想仕入高」を月次で作成します。

### ②売上代金（現金売上・売掛金現金回収・手形期日落）

期首残高における「受取手形」「売掛金」の回収予定時期・金額と、それ以降の「予想売上」に対する売掛金と受取手形の割合等を勘案した予想回収時期・金額を月次で作成します。また、受取手形および売掛金の回収サイトを確認することが必要となります。

### ③仕入代金（現金仕入・買掛金現金支払・手形決済）

期首残高における「支払手形」と「買掛金」の支払予定時期・金額と、それ以降の「予想仕入」に対する買掛金と支払手形の割合等を勘案した予想回収時期・金額を月次で作成します。また、支払手形および買掛金の支払サイトを確認することが必要となります。

### ④人件費および経費（支払利息・税金含む）

賃金・給与、賞与、社会保険料等の「人件費」および「経費」について、それぞれの支払予定時期・金額を月次で作成します。法人税・地方税・事業税・消費税・固定資産税等の税金については、支出時期は決まっています。

### ⑤経常外支出（固定資産等購入支払、固定資産等購入支払手形決済）

「設備投資計画」等からそれぞれの支払予定時期・金額を月次で作成します。

### ⑥財務支出（借入金返済・固定性預金預入）

「返済予定表」等からそれぞれの返済予定時期・金額を月次で作成します。新規借入調達に係る返済予定分も考慮することが必要となります。

### ⑦期首残高（現預金、受取手形、売掛金、支払手形、買掛金、借入金、割引手形）

期首残高は、「決算書」「月次試算表」「総勘定元帳」等を確認して作成します。それ以降は、資金繰り表上、自動計算されます。

### ⑧資金調達手段（借入金調達・固定性預金取崩・手形割引・固定資産等売却収入）

各月で資金不足が発生する場合は、資金不足を補てんするための資金調達手段を検討することが必要となります。

### ⑨年度合計

取引先が年度予算を策定している場合、売上高、仕入高および販管費項目など年度予算と資金繰りの年度合計を比較して整合性がとれているか、最終的な確認が必要となります。資金繰り上では、売上高は一般的に社内予算に対して掛目を入れて保守的に作成されるものですが、実際に企業がどのような前提を置いているかを把握することは重要です。

# 第 4 章

## 事業デューデリジェンス（事業DD）結果の使い方

本章では、第2章で説明した事業性評価を意識した事業デューデリジェンス（事業DD）を、自行内外でどのように活用するか、その手順も含めて解説していきます。大まかな流れは【図表4－1】のとおりであり、同図表①～③（事業DD作成まで）は第2章で説明ずみのため、本章の解説範囲は同④～⑧となります。各ステップの勘所は後ほど説明しますが、営業店法人担当者が事業DDの活用にあたって特に意識すべきは、「本部所管／推進セクションをしっかりと巻き込んで行内共通理解を醸成すること」「事業DDを"単なる評価書"ではなく、取引先との有用な対話＆営業推進ツールと位置づけ積極的に活用すること」の2点です。

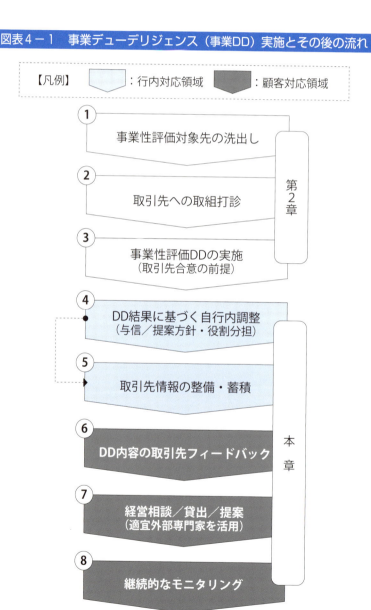

図表4－1　事業デューデリジェンス（事業DD）実施とその後の流れ

## 4－1　行内対応：金融機関内部での使い方

### ❶ 行内共通認識の醸成

　まず、事業性評価の結果（＝事業DDの成果物）の自行内での活用方法について解説します。

　第２章で解説した事業DDには、取引先の基礎情報から将来の収益見通し、さらには解決すべき課題に至るまで、金融機関として知っておくべき情報が詰まっているわけですから、これを営業店のみにとどめるのではなく、行内で幅広く共有・展開していくことが重要です。融資部・審査部など与信関連部署に関しては、適切に情報を共有して"味方につける"（＝実際に事業性評価に基づく貸出や金融サービスを行う際、与信方針を盾に一蹴されないよう事前に相談する）という観点で、またビジネスマッチング（含むM&A）や各種金融サービス、コンサルテーション等を手掛けるソリューション関連部署に関しては、取引先の課題や業界の動きを共有して（提案のための）"武器をもらう"という観点で、おのおの取引先検討会などの名目で積極的に巻き込んでいくのが望ましいと言えます。

　もっとも、足元では、上述した動きを組織として枠組み化する金融機関も増えています。具体的には、専担者あるいは兼任で事業性評価を推進する本部組織（例：事業性評価室）を立ち上げ、当該組織が自行取引先のなかから対象先を選定し、営業店を通じて対象取引先の了解を得てから事業性評価を行い、その結果をもって貸出や金融ソリューションの提案につなげる、といった流れです。こうした金融機関の営業店の場合、対象となる先数が多く相応の体力負担を強いられるものの、自店取引先に対し本部を巻き込んで提案できる貴重な機会として、積極的に取り組まれることをお薦めします。

### ❷ 情報の整備・蓄積

　こうした動きを通じて、取引先に対する行内共通理解をもてた後は、その情報を文章化・記録化することが重要です。具体的には、貸出稟議の附属資料に添付したり、事業DDの内容を「格付／自己査定資料：債務者の概況」や「取引先概要（要項）表」等に反映し、定期的に記載内容の吟味・更新を図っていきます。なお、【図表４－２】は、事業DDの内容を端的に反映した取引先要項（補助資料）のサンプル書式ですが、足元では、今回の事業性評価の一環で、取引先要項の書式そのものを見直す金融機関も出てきているようです。

　　※銀行資金収益などの取引振り、代表者年齢、取引順位など、基礎情報は取引先要項に記載されるものと

して、本資料は事業面にフォーカスした補助資料の位置づけ。

　このように、取引先の事業（本業）に係る情報をストックしておけば、貸出案件の判断時に"行内共通理解（＝審査も同じ目線）として"適宜振り返ることができますし、担当者異動時の引継ぎもスムーズです。特に支店長異動時においては、引継期間中は仕掛案件の引継ぎや人事関連、取引先挨拶周りを優先するとしても、落ち着いた段階で、更新ずみの取引先要項をもとに担当者が説明する機会を集中的に設けるなどして、新任支店長の事業に対する深い理解を得ておけば、その後の営業活動も円滑に進むものと思われます。

### ❸ 事業性評価に伴う融資判断

#### ①事業DDに基づくCF予測の手順

　一方、事業性評価を通じて実際に与信（貸出）が発生する場合には、事業DDとは別

---

**図表4-2　事業性評価の趣旨を反映した取引先要項（案）**

| 対象先名 | xxx株式会社 | 業種 | xxx業 | 格付 | － |
|---|---|---|---|---|---|

【対象企業の事業性評価、銀行としての取引方針・提案方向性】

【事業概要】
・沿革、主力事業、商流フロー（要図式化）、部門別売上、グループ企業等について記載

【業界動向】
・市場動向、業界特性、業界内での競争力のポイント等を記載

【当社の特徴】　作成日：xx年xx月xx日　氏名：

（非財務面）
・業界動向に照らした当社のポジショニングや特徴を記載（他社比較資料など証明する　定量情報があればなお良い）

（財務面）
・時系列分析、同業他社比較を行いながら、非財務情報と結びつけるかたちで記載

【当社の経営課題】
・業界動向および当社の特徴をふまえた競争力の総括および各種課題指摘

・今後実態把握を進めるうえでの要確認ポイントを記載

---

第4章 事業デューデリジェンス（事業DD）結果の使い方

途深掘りが必要です。今回の事業性評価の主眼は「担保・保証に過度に依拠することなく、取引先のキャッシュ・フロー（CF）創出力を見極めたうえで適切な与信を行うこと」であり、この枠組みを活用して、担保余力は小さいが資金需要旺盛で将来が見込めそうな先を中心に、資金収益を伸ばしたい営業店担当者も多いはずです。ただし、金融機関の貸出原則として「企業判断」と「案件判断」があるように、事業の有望性はもちろんのこと、貸したお金が返ってくるかの視点も忘れてはなりません。

　具体的なアプローチとしては、事業性評価の観点をふまえると、やはり取引先の将来CFを金融機関として予想し、貸出の返済原資として見合うかを判断することでしょう。作業手順は【図表4−3】のとおりです。

　なお、図表4−3のNo.2は金融機関職員のなかには、いささかハードルが高い領域だと気後れし、画一的に過去3年の増収率をそのまま適用するなど、安易な数値を置き

## 図表4−3　将来キャッシュ・フロー（CF）の予測手順

| 手順 | 項目 | 作業方法 |
|---|---|---|
| 1 | 費用の固変分解 | ・損益分岐点分析の作業手順に沿って、取引先に随時確認しながら各費用を固定費と変動費に分解。 |
| 2 | 売上高の予測 | ・第2章：業績の要素分解の考え方を参考に、売上高を要素分解し、各要素を予測（分解せずに売上高を予測すると、未達時の原因究明が困難になる）。 |
| 3 | 粗利率の予測 | ・過去トレンドや販売先の意向等をふまえて予測。粗利率の水準で予想するのが一般的だが、製造原価を有する会社の場合、固定費（労務費・設備費等）を外して変動費（材料費等）のみ率で予想。<br>・市況（素材系企業）や為替（輸出入企業）の影響が大きい取引先であれば、過去実績から「1円の変動が及ぼす影響」を考察し（＝インパクト分析）、粗利率予測に反映するのも一法。 |
| 4 | 営業利益の予測 | ・〔手順〕の1〜3が完了すれば自動的に算出される。 |
| 5 | 金利・税金 | ・金利は現行貸出金利を横置き。税金は実効税率を参照するが、繰越欠損金など税効果ある場合は考慮。 |
| 6 | 取引先確認 | ・〔手順〕の1〜5を通じて当期利益予想まで作成したら、その作成方法と水準感を取引先に説明して刷り合わせ。 |
| 7 | 施策織り込み | ・上記作業による予想値は、いわゆる「成行き」（会社が特段大きな施策を打たず、従来からの流れで経営したとするシナリオ）ベースのため、取引先にて期中に実行予定の施策があれば、その効果とともに成行き値に織り込んで、損益予想を最終化。 |
| 8 | PL→CF変換 | ・第2章で述べたPL→CF変換の手法を参照。運転資本の増減、更新投資に係る資金流出を忘れずに織り込む。 |

第4章　事業デューデリジェンス（事業DD）結果の使い方

がちですが、12ページの事業DD策定手順【2－2　業界の把握⑴市場動向の把握】で解説した要素分解手法（数量×単価、世帯数×世帯消費量、新店／既存店、等々）を使えば行内説明にもそれなりに耐え得るかたちで予想することは十分可能です。

### ②CF予測力の有用性

とはいえ、①のように金融機関職員が手間をかけてキャッシュ・フローを予測しなくても、取引先から将来計画が提出されるのであれば、それが一番手っ取り早いのも事実です。しかしながら、取引先仕向けの新規出店や工場開設など、銀行と取引先の双方が「将来計画が当然に必要」と思えるような投資紐付き案件ならまだしも、例えば年度資金やシンジケートローンへの集約、（事業性評価を活用した貸出として各銀行が最も注力しそうな）銀行仕掛け型の肩代わり案件、といった類の貸出の場合、行内説明責任を果たせるような計画を取引先からいただけるのはまれでしょう。仮に出てきたとしても、多くの中小企業の場合、経理担当者が支払条件に重きを置いてつくった短期の資金繰り計画か、あるいは楽観的な増収率・利益率横置きの損益計画が関の山と推察されます。

このような場面に接した際に、先ほど説明した金融機関職員のCF予測力が活きてくるのです。大まかに言えば2つの側面があり、1つ目は、取引先がつくった計画を金融機関目線で修正・適正化（いわゆる「たたく」とか、「掛目をかける」）することです。具体的には、金融機関は取引先が策定した計画を「ベースケース：取引先シナリオ」とし、そこから減収ないしコストアップを見込んだ悲観シナリオを「ワース（worse）ケース」等として設定し、最悪の場合でもこれだけ返済原資が生まれるという目線をもっておくことが大切です。なお、ワースケースの設定方法はさまざまですが、主なものとしては、⒜証券会社やシンクタンク等が公表している複数の見立てから最も保守的な数値を採用する、⒝過去、取引先で実際に起こった単年度の平均減収率を採用する、等があり、特に最近では、人手不足の環境をふまえ、最低賃金水準の上昇をにらんだ人件費率の継続的な上昇を織り込むケースも目立ちます。

2つ目は、取引先の計画を一緒につくる（あるいは指導してつくってもらう）ことです。前述の取引先計画では十分な行内説明を果たせない背景には、取引先自身の人手不足や金融知見・ノウハウに乏しいことがあり、金融機関職員が計画策定を手伝うとなれば、（多少警戒されるかもしれませんが）感謝されるでしょうし、楽観的な数値に陥らないよう経営指導も可能です。さらに言えば、それを皮切りに、従来は資金繰り計画をつくる経理担当者にしかお会いできていなかったものが、将来の事業・損益計画を展望する経営企画セクションや会社トップにまで会うチャンスが広がる点にも期待がもてます。以下に、計画を一緒につくる際の応酬話法を例示しますので参考にしてください。

## 【取引先との応酬話法（例）】

**担　当**：貴社の売上高は堅調ですが、それ以上に物流費がかさんでいますね。今度、東北エリアの販売拠点をつくるとおっしゃってましたが、それとあわせて首都圏と東北を結ぶ物流拠点を開設したらどうですか？　ちょうど良い物件ありまして。

**取引先**：いいね、早速社長に相談してみるよ。

**担　当**：では、私も上に諮るので、まず拠点拡充の計画をいただけますか？

**取引先**：ないよ、そんなもの。上が決めたことだし。資金繰り計画ならあるけど

　➡多くの場合はここで会話が止まる。本来、損益と資金繰りはリンクしているべきだが、会社内で分断されているケースも多く、金融機関担当者も、返済原資に直結する資金繰り以外は強くかかわらない。

**担　当**：じゃあ、一緒につくりましょうよ。社長、あるいは経営企画の方と一度お話しさせてください。情報さえいただければ、つくり方はよくわかっていますから。

　➡このやりとりが、「資金窓口」から「経営相談窓口」へのターニングポイント

### ③事業性融資判断の心構え

　以上、事業性評価に基づく融資判断のステップを解説してきました。ただし、それが仮にできたとしても、現場行員にとっては肌感覚として担保・保証でカバーされない貸出を行うのは怖い部分もあるでしょう。事実、地域金融機関に対して事業性評価の研修を行った際、参加者の方から、「事業性評価の手法はわかったが、やはり低格付先、あるいは成長途上で資金余力のない先、大型投資を伴うが担保がない先には、たとえ事業性の観点でOKという結果が出たとしても、実際に貸すには不安が残る」という指摘を受けることがあります。

　この点に関しては、各金融機関の経営スタンスに依拠する部分も多く、画一的に述べることはむずかしいものの、営業店（現場）として意識すべきは、(a)リスクをわかった（定量化した）うえで貸す、(b)それを上席および審査所管部が判断できるまで情報を整備する、(c)仮に業績見込みに狂いが生じた際、コンティンジェンシー・プラン（危機対応策：利上げ、追加徴担など金融側というより、むしろ役員報酬カットや追加リストラ、新規投資の制限など会社側対策の意味合い）をあらかじめ設計し取引先と共有しておく、の3点だと思われます。これまで多くの銀行が貸出債権の焦付きに直面した事実からもわかるとおり、金融機関の与信判断は、事業会社の経営判断同様、限界があるのです。したがって、その限界を所与としたうえで、「こうしたリスクがあって、このような判断を

下して貸した」「当初予想した展開から大きく悪化したので、あらかじめ設計していた二の矢を射った」と、後々、行内外に対して貸出行為の適合性を説明できる行動を心掛けることが、特に営業店（現場）にとっては重要であり、かつ、それこそが顧客接点を担う現場としての使命であると考えられます。

---

## 4−2　顧客対応：取引先に対しての使い方

　前項で解説した一連の動作を経て、事業性評価に基づく当該取引先への行内方針（取引／貸出方針、取引先の課題認識とそれに対するソリューション案、行内での役割分担等）が固まったら、次は顧客対応です。

### ❶ 事業DDの顧客フィードバック

　はじめに行うのは、作成した事業DDの顧客向けフィードバックが望ましいでしょう。一般に金融機関職員の性向として、「金融提案は得意だが、事業提案は苦手」「銀行員はしょせん事業面には素人ですから」など、取引先の本業に対して何かもの申すことを敬遠する向きが少なくないようです。しかし、前述のとおり、入り口で取引先の同意を取り付けたうえで事業性評価（＝事業DD）を行っていれば、事業DDのための資料提供、ヒアリングへの協力等に対する「取引先への御礼」としてその内容をフィードバック（FB）するプロセスを設けることにより、自然な流れで取引先と事業に対するディスカッションができます。加えて、営業店としては、その場に本部の専門部署メンバー（業種別ソリューションチームや業界に詳しい調査チームなど）を帯同させれば、取引先とより深い議論を交わすことも可能です。

　ただし、このフィードバックを行うには少々工夫が必要です。たしかに事業DDの内容は、第Ⅱ章で説明したとおりに実施すれば、金融機関内部ではもちろん、取引先にとってもきわめて情報価値の高い資料となりますが、あくまで事業性の評価結果のため、内容をそのままフィードバックしたところで、取引先からは、本質を外れた微細な質問が飛んでくるか、たとえ会社の事業に対する当方の理解が間違っていなかったことは確認できたとしても、「短期間でよく調べましたね。ありがとう、参考にします」程度の淡白な反応が返ってくるのが関の山でしょう。この点、重要なのは、「事業DDを完成された評価書（Goal）ではなく、取引先からニーズを引き出すための対話ツール（Start）ととらえる」発想の転換です。行動に置き換えると、「貴社の事業性はこうみえています」という評価者（銀行）と被評価者（取引先）の対立軸の立場を、「貴社には○○のような強みがあり、市場は▲▲のトレンドが予想されるため、××のような戦略は

アイデアとしていかがでしょう？」と両者が同じ方向を向いて議論するかたちに変え、会話を継続させていくわけです。

また、評価目的と討議目的では、当然ながら資料のつくり方も違ってきます。文字を大きくしたり（12ポイント未満は使わない）、パワーポイントを使ってビジュアル（パッと見でわかる）にしたり、とにかく取引先が見やすく話しやすくなるような体裁を心掛けるべきです。参考までに、コンサルタントが活用する基本的なフレームワークのなかで金融機関職員にとっても扱いやすいものをいくつか紹介します。これらは事業DDをきちんと作成していれば、中身はすべて埋められますので、機会があれば使ってみてください。

### ①クロスSWOT分析

金融機関職員にもおなじみのSWOT分析（強み・弱み・機会・脅威）ですが、コンサルタントが使うフレームワークは戦略を考えるために使うのが原則です。SWOTも同様、各要素を可視化するだけでなく、【図表4－4】のとおり、「強み×機会」の接点では、どういった戦略がありうるのかを考え、そのアイデアを取引先と議論するのが本来の使い方であり、事業性評価の趣旨にも合致します。

### ②バリューチェーン、アンゾフの箱

【図表4－5】の左図は、企業のバリューチェーンを可視化したもので（金融機関職員

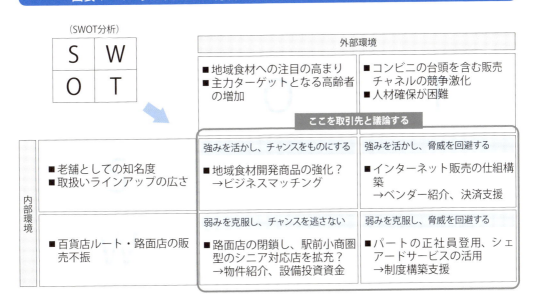

図表4－4　クロスSWOT分析：地元老舗菓子メーカーを対象とした場合

にはサプライチェーンのほうがなじみ深いかもしれません)、当該企業が一連の経営行動のどこに強みを有しているかを示すものです。【図表4－5】の右図は、アンゾフのマトリクスと呼ばれる次の進出領域を考えるフレームワークで、既存市場にさらに強い商品を売るか、商品はそのままに従来とは異なる市場に打って出るか、などを検討します。その際、自社の強みの源泉が何かをわかっている必要がありますし、市場も製品も新規領域に進出するとなると少々ハードルが高い点が指摘されています。この両図の合わせ技で新規事業領域を検討しているのが、【図表4－5】の下図になります。ユニマットグループはもともと自動販売機のベンダーを主力事業としていましたが、最終的には高級家具の小売業まで進出しており、その途中段階で、バリューチェーン上の強みを広げ

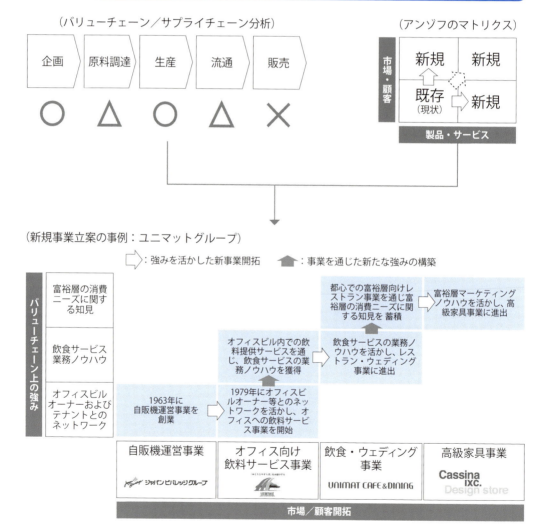

てきていることがわかります。強みの源泉を整理し、そこから何ができるかを取引先と議論するのは、頭の整理にもなりますし、何よりも会話が弾むことになるでしょう。

## ❷ 経営相談に乗る／誘導するかたちでのソリューション提供

事業DDのフィードバックを皮切りに、取引先経営陣と事業に関して議論する土壌が整ったのならば、今回の事業性評価の目的の7割方は達成されたとみてよいと思います。

むろん、フィードバック時に資金ニーズが浮き彫りになって、貸出や金融商品の導入につながればそれにこしたことはありませんが、周知のとおり、仕掛け型の提案は時間がかかるものであり、営業店担当者としては、取引先の事業課題の相談に継続的に乗りながら、ニーズに最もマッチしそうな金融提案をあの手この手を使って繰り返し行っていくのです。

実際、次のような事例もあります。ある地方金融機関の担当者が既存優良先に対してコミットメントラインの提案をしたところ、「枠取りの資金は、いま必要ないよ」と最初は断られていましたが、上司と相談して取引先の事業内容をもう一度洗い直したうえで、再び取引先と事業について議論し、そのなかで「販路網が先細ってきている」という悩みを引き出しました。担当者は、銀行ルートの優良な販路候補企業を紹介、それとあわせて、販路拡大に伴う定期的な運転資金増加に対応するためとして再びコミットメントラインを提案し、無事成約にこぎ着けたのです。

大事なことは、商品を売るのではなく、（その商品が必要となる）シーンをつくること。それが「事業を知る」意味であり、営業担当者の醍醐味とも言えるでしょう。経験の長い営業担当者のなかには、「事業のことはいつも訪問時に聞いている」という方も多いと思いますが、事業DDのなかで、例えば1週間集中して取引先と向き合うことで、新たな事実がみえてきたり、担当者の熱意が伝わって前任が知らなかった悩みを聞き出せたり、といった思わぬ収穫があるかもしれません。

### ①ライフステージと取引先ニーズ

ところで、このような事業展開に係る取引先からの相談は、その会社の置かれた「ライフステージ」と密接に関係している場合が多いと思われます。ライフステージの考え方は、今回の事業性評価に係る金融庁指針のなかにも盛り込まれているため、営業店担当者も覚えておくようにしてください。参考までに、中小製造業（菓子）を用いてライフステージと、ステージごとに見受けられる経営者の悩み、それにマッチする金融サービスの例を【図表4−6】に掲載します。こうした考えに基づき、一度、自店取引先のライフステージを整理してみるとよいでしょう。

49

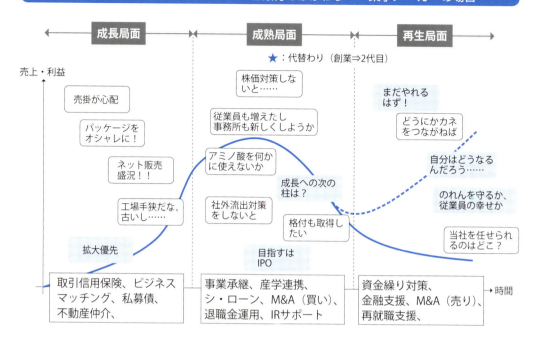

### ②外部専門業者（コンサルファーム等）の使い方

　一方で取引先からの経営相談のなかには、金融機関だけでは対応しきれない命題も少なからず出てくるでしょう。こうした場合には、コンサルティングファームをはじめとする外部専門業者を活用することも検討に値します。

　今回の事業性評価の流れに当てはめてみると、対象先の食品メーカーの事業DDを行ったところ、金融機関が考える経営課題として、(a)固定費の高止まり→コスト削減、(b)閑散月が赤字続き→工場の生産効率改善、(c)粗利率の振幅→原価管理の高度化、の3つに絞られたとしましょう。この場合、(a)は金融機関で何とか対応できるかもしれませんが、(b)(c)は専門知識が必要となる領域のため、事業DDのフィードバックに外部業者を同行させ、より深いレベルで取引先ニーズを引き出す、といった判断がありうるのです。

　また、事業DDをフィードバックをしたところ、先方社長から「原材料の大豆を使って新しい商品を展開したい」といった成長戦略を相談された場合、あるいは「業績自体は問題ないが、人手不足のなかでどう従業員のモチベーションを上げるか悩んでいる」等の人事制度面の課題に直面した場合、なども外部業者活用の検討機会となりえます。また外部業者は、こうした専門知識もさることながら、債権者（金融機関）でも債務者（取引先）でもない「第三者」という立場であるため、金融機関としては、（取引先に良かれと思っても立場上言いづらい内容を）その領域に知見のある外部業者を使ってアドバ

イスするなど、金融機関・取引先双方の橋渡し役を担わせる、といった使い方も実際にあります。

このように外部業者の活用方法はさまざまです。特に今回の事業性評価においては、金融庁から「取引先に対するコンサルティング機能の発揮」を求められるなか、同機能の内製化を標榜する金融機関の狙いとあいまって、金融機関と外部業者（特にコンサル）の連携はますます活性化していくものと思われます。営業店担当者においては、これまで外部業者との連携は少なかったと思いますが、この機をとらえ、「事業提案の有力な選択肢の1つ」として、また「専門スキルの習得（コンサルから盗む）、および外部人脈の拡充を通じた自身の成長機会」として、外部業者活用を考えることも一考です。なお、各外部業者に関する情報は、それぞれの特色や強み（専門領域）を含め、各行の法人部などの法人統括セクション、あるいは新設された事業性評価室や同チームに集約されているケースが一般的であり、機会があれば一度アクセスしてみるのもよいでしょう。

### ❸ 事業性評価の枠組みを利用したモニタリング

顧客対応の最後は、モニタリング方法です。一般に金融機関が行うモニタリングとは、取引先の立てた計画や予算等の実行状況を把握し、必要に応じて追加対策を講じさせるなどして経営の健全化を支援・指導することと解されます。換言すれば、「取引先のPDCAが回っているかをチェックする」ことであり、こちらのほうが金融機関の皆さんにはなじみやすいかもしれません。

#### ①対象範囲：何をモニタリングするのか

まず、モニタリングの対象ですが、それに最も適しているのは、取引先の事業／業績計画でしょう。事業DDのフィードバックをきっかけに、先方経営陣と課題認識を共有、そのうえで改善計画を取引先と金融機関で一緒につくったり、あるいは課題解決に向けた前向き資金を融資する前提で業績計画を受入れたり、と、まさに今回の事業性評価で狙うべき王道パターンと言えます。とはいえ、事業性評価の枠組みは基本的には金融機関からの仕掛け型、かつ基本的には「前向き先」に対する評価が多いとみられ、上述した展開までこぎ着けられる先ばかりでないのも事実です。こうした場合には、事業DDおよびそのフィードバックを通じて、金融機関・取引先の双方が共通認識をもった「経営上の重要な取組施策」や「重要な営業・財務指標（KPI：Key Performance Indicators）」をモニタリング対象としてフォローするのも有効と思われます。

【図表4−7】では、企業内に流れる情報の種類と、モニタリング範囲の関係性を取引先視点で整理しましたので参考にしてください。取引先からみると、金融機関は株主

同様「ステークホルダー」に位置づけられ、ステークホルダーには、決算内容や月次損益、重点施策の進捗状況など経営上の重要事項を開示し、ステークホルダーからの指摘・アドバイスに耳を傾けるのが原則です。

ところでこうしたモニタリング行為は、社外向けのみならず、社長⇔各管掌役員、経営企画部⇔現場部署、といったかたちで社内でも当然行われています。なかには、「社長が細かい施策まで入り込みすぎて進まない」「経営企画部が機能せず施策進捗がわからない」など、情報の種類とモニタリング範囲のアンマッチからPDCAをうまく回せず悩んでいる企業も少なからず存在します。今回の事業性評価を機に、取引先内部のモニタリング体制にも着目してみるとよいでしょう。

**②推進方法：どのようにモニタリングを進めるか**

次にモニタリングの進め方です。前述のとおり、モニタリングとは、金融機関的には取引先にPDCAを回させることですが、そのPDCAにおける一番の難所は「Ｃ：Check」の段階と言われています。読者の皆さんもすでに経験ずみかもしれませんが、「計画は立てたが、やりっ放し」の状態がしばしば起るのです。したがって、金融機関としても、このＣ段階を強固なものにする手法を習得しておく必要があるでしょう。

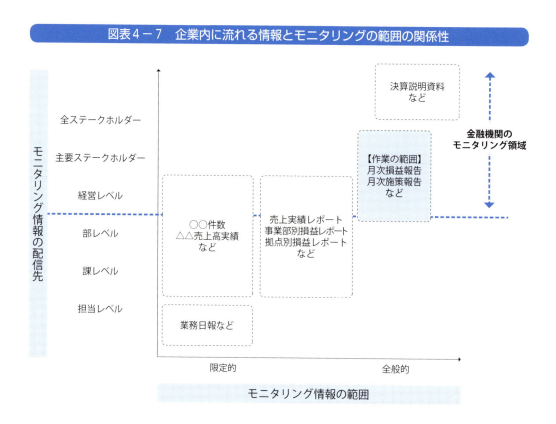

図表４－７　企業内に流れる情報とモニタリングの範囲の関係性

そこでC機能の構成要素と各要素の検証ポイントについて【図表4－8】を使ってみていきます。

### (a) 計画の策定根拠と達成基準を明らかにする

まず、チェックする対象情報は、主に「業績」と「施策」です。業績は金融機関職員であれば、さほどむずかしくありませんが、計画値の合理性はあらかじめ十分に理解しておく必要があります。具体的には、計画策定時の前提条件（＝第2章を参考に、市場・競合の予想、新規投資による増収効果、人件費上昇分等を定量的に見積もる）を取引先と共有しておくのが重要で、それがないと、仮に計画未達の際、要因考察がおざなりになり、結果的に適切な追加対策が打てなくなる、もしくは場当たり的な対策になるためです。そういった意味では、今回の事業性評価の枠組みを使って、計画策定段階から金融機関が入り込んでおくのはきわめて有効なアプローチと言えます。

施策のチェックに関しては、「（当該施策の実行に向け）行動したのか否か」「（行動したとすれば）期待した効果が出たのか否か」の2つの視点が必要です。前者は、【図表4－8】の検証の視点に「具体性」と記載のとおり、具体的なアクションプランを作成し、最長でも1月ごとに期限を設けてその進捗を行動レベルで追いかけます。このため、ア

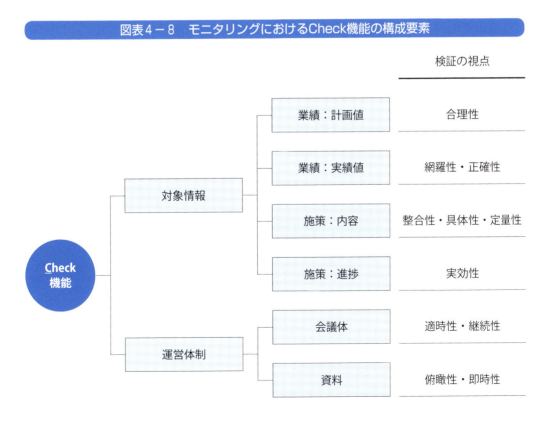

図表4－8　モニタリングにおけるCheck機能の構成要素

クションプラン自体も、1つ1つの行動計画の達成基準が明確でなければなりません（悪い例：ベンダー交渉を通じて仕入値抑制を図る、良い例：△△ベンダーより、××月□□日までに現状比0.3ポイント下げた見積書を受領する）。後者については、可能な限り当該施策実施時の期待効果額を営業利益ベースで設定しておくのが望ましいでしょう。ただし、人件費などコスト削減施策なら金融機関でも十分定量化できますが、増収施策（変動費も増える）や粗利改善施策（売上減少リスクがある）等のように営業利益にストレートに反映されない場合、相応の専門知識やノウハウが必要となりますので、取引先に施策効果の見積方法を確認するか、あるいは適宜、外部専門業者と相談するのも選択肢の1つです。

**(b) モニタリング資料は全体感を重視、会議は開催時期に留意し定例化**

　一方、チェックする体制面ですが、こちらは「会議体」と「資料」が主な構成要素となります。まず「会議体」は、検証の視点として適時性・継続性とあるように、適切なタイミングでモニタリング会議を開催し、かつそれを定例化するのが有効です。モニタリングにおけるチェック対象は業績と施策のため、その両方を一度にみられるよう、会議体は月次決算が締まるタイミングで開催するのが一般的です。見落としがちなのは、チェック対象項目にかかわる諸数値（特に営業指標）がいつ締まるのかであり、例えば、試算表は翌月5日に仮締め、10日に確定しても、拠点別損益や設備稼働状況など、いわゆる管理会計周りが確定しないと、業績と施策の両方を追うモニタリング会議は開催できないのです（あるいは当月実績のモニタリング会議が翌々月の月初と相当遅れる）。したがって、金融機関としても、毎月徴求する癖がついている試算表以外にも、どんな指標がいつ締まるのかに目を配りつつ、必要であれば、決算の早期化をアドバイスするのも有効です。ちなみに決算早期化は、伝票承認ルートの簡素化、仕入・販売先との時期調整、システム導入等を通じて行いますが、取引先にとっても、決算早期化→重要数値の早期見える化→経営判断のスピードUPと少なからぬメリットをもたらします。

　また資料に関しては、俯瞰性・即時性とあるように、基本的には多忙な人たち（＝モニタリングする側は会社経営層、あるいは金融機関など外部ステークホルダー）に短時間で効率良く実態を伝え、次のアクションの合意を取り付ける、という目的に沿った内容であるべきです。具体的には、A3ペーパー×1枚等で全体像がわかるように構成する、小売・外食など消費系業種なら日次売上、製造業なら受注見込みなど足元の情報を盛り込む、等があげられます。特に後者は見落とされがちですが、前述のとおり、モニタリング会議は当月の第3週以降に前月の実績を振り返るのが実務上通例のため（会議開催日には、すでに当月の半分以上過ぎています）、足元や近未来の情報を付加することで経営判断の精度を上げる必要があるのです。

## 図表4-9 月次モニタリング資料の例

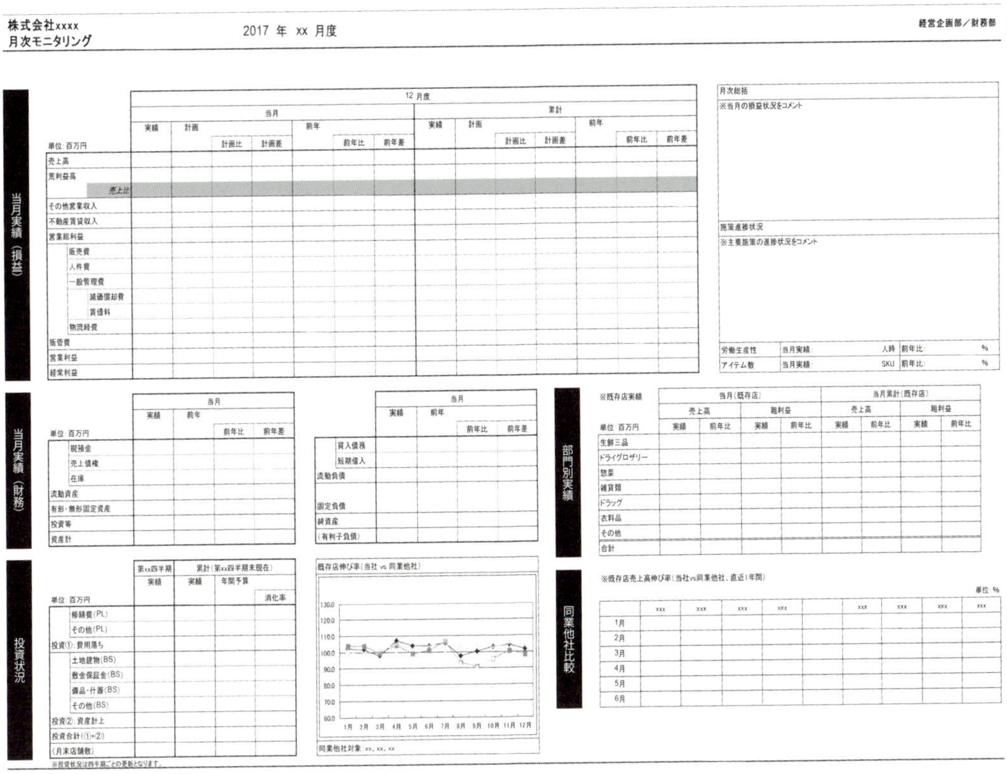

【図表4-9】は小売業のモニタリング資料（A3ペーパー×1枚）のサンプルです。こうした書式を要約版として1枚作成し、その後、各施策の進捗の詳細等を附属資料として用意します。要約版に記載する項目としては、一般に、月次損益の予実比較、主要施策の進捗、足元動向がわかる営業指標（日次売上等）、部門別／拠点別損益、要約貸借対照表（借入・資本周り）、要約資金繰り、投資状況、銀行取引状況、等があり、取引先・金融機関の間で共有すべき情報を選択したうえで資料化します。

### ③金融機関がモニタリングに参加する意義

これまでモニタリングの進め方や手法を解説してきましたが、その趣旨は、営業店担当者にもモニタリングに参加してもらうためです。金融機関としての予兆管理的な側面はもとより、金融機関の参加が適切な外圧効果を生むことでモニタリング会議も（社内だけだとゆるくなりがちですが）緊張感をもって進めることも可能です。もちろん、慣れない取引先の場合、最初のうちは会議にならない、計画未達の要因をうまく説明できないなど、さまざまなハードルに直面すると思いますが、それも試行錯誤を繰り返し徐々に改善していけばよいのです。重要なのは、取引先と事業に関して継続的に会話できる

機会を強制的につくり、取引先と「一緒に」事業課題の改善を目指していくことです。

　以下、細かい点ですが、モニタリング会議の運営上の留意点を記載しますので、参考にしてください。


　(a) 参 加 者

　業績だけでなく取引先の重要施策もモニタリングするため、経理財務担当以外にも、会社経営陣や各施策の責任者にも出席いただき、全社的に重要な会議として位置づけさせるのが望ましいでしょう。ただし、この部分は取引先のスタンスもあるため、事前の確認・相談が必要となります。金融機関と取引先の両者のクッションとして外部業者を参加させるのも一考です。

　(b) 開催頻度

　金融機関が参加する前提のモニタリング会議であれば、月1回が妥当です。取引先との関係性がさほど強くない場合（取引下位の場合等）であれば、先方の意向もあるでしょうし、四半期に1回程度にとどめるのが無難です。

　(c) 進 め 方

　順序としては、業績の振り返り→施策の進捗確認→金融機関含む質疑、といった流れが一般的です。留意すべきは次の2点です。1つ目は、ファシリテーター（＝議事進行役）に社内キーパーソンを用意いただくことです。モニタリング対象となるような重要施策は、部署間の強い連携が必要なものが多いとみられますが、好都合にもこのモニタリング会社には各部署の主要人物が出席している前提ですので、業績・施策の進捗説明に対し、適切な質問を投げ掛け参加者間の議論を活性化および他部署への関心を促すのです。淡々と進めるだけでは、会議が形式化し、定例化していることが逆効果となって、「あの時間が無駄な御前会議ね」と揶揄されるのは目にみえています。

　2つ目は、金融機関が出しゃばりすぎないことです。たしかに、席上での金融機関の発言は重く受け止められるケースが多く、進捗の悪い施策等に関して外圧を効かせられれば取引先にとってもメリットがあるでしょう。しかし、それが行き過ぎると「銀行のための会議」という色彩が濃くなってくるため、重要な局面以外においては、あくまでオブザーバーとして意見を述べるにとどめるのが無難と考えられます。

# あとがき

　読者の皆さんにとって本書『本業支援と企業価値向上のための事業性評価入門』はどのように感じられたでしょうか。企業価値評価は、事業性評価を内包しているものですが、これまで説明したとおり、事業性評価が企業価値評価に大きな影響を与えています。したがって、取引先企業に対して日頃から接点をもって、定期的に事業性評価を行うことで取引先企業の課題や成長可能性を把握し、継続して取引先企業を支援していくサイクルを確立していくことが、結果的に企業価値の向上につながります。「それはもうわかっている」という声も聞こえてきそうですが、事業性評価の入り口である取引先企業の実態把握が、特に営業店ではできていないということは、いまだによく耳にしますし、できていないと感じる金融機関職員も多いのではないでしょうか。

　本書は基本的なことを最低限の範囲で説明しているにすぎません。繰り返しとなりますが、金融機関職員として事業性評価を行う場合のスタンスは「財務と非財務の融合」であり、日頃の取引のなかで問題意識をもって一定の時間を確保すれば十分対応できるものです。特にこれからの金融機関を背負って立つ金融機関の若手職員にとって、事業性評価は決してむずかしいものではなく、身近にあるもので十分に対応が可能ということを本書で認識していただけたことと思います。

　本書は、株式会社きんざいの通信教育テキスト「取引先支援のための事業性評価実践コース」（第2分冊「事業性評価と取引先支援の実務」）の一部執筆を行ったことが執筆のきっかけとなっています。フロンティア・マネジメント株式会社は、地域金融機関が地域経済活性化への貢献をいっそう求められるなか、複雑な諸々の課題に対する問題解決力を有する人材の育成を図るべく、金融機関職員の現場能力向上を支援するために、金融機関向け事業性評価セミナーを開催しています。セミナーでは毎回熱い議論が交わされています。

　最後に、これからの取引先支援を担う金融機関職員が、1人でも多く事業性評価の基本的な考え方を習得し、金融機関取引の現場で実践されていくことを心から願っています。

フロンティア・マネジメント株式会社

# 索　引

## Ａ～Ｚ

CF予測···················································44
DCF（ディスカウンテッド・キャッシュフロー）法······2
EBITDA·········································21, 29
KPI：Key Performance Indicators···········51
WACC（加重平均資本コスト）·······················2

## あ

アクションプラン···································53
あらかん·············································19
安全性···············································18
売上原価·············································28
売上債権·············································31
売上総利益···········································28
売上高···············································27
営業外損益···········································29
営業資産··············································2
営業フリーキャッシュ・フロー（FCF）··············2
営業利益·············································29

## か

回収可能性············································4
回転期間分析·····································31, 32
外部専門業者（コンサルファーム等）················50
借入金···············································32
簡易連結·············································20
勘定科目内訳書·······································31
企業価値··············································2
キャッシュ・フローの概念···························21
業界固有の商慣行·····································14
業界分析·············································14
業績概要の把握·······································17
業績変化の要因分析···································19
競争力の評価·········································14
金融仲介機能の発揮····································4
繰延資産·············································32
クロスSWOT分析·····································47
経営体制の評価·······································15
計画·················································53
経常外収支···········································35
経常収支·············································35
経常利益·············································29
決算書···············································26
決算分析システム·····································19
月次試算表···········································32
現預金···············································30
構成要素·············································13

## さ

財務収支·············································36
債務超過·············································30
財務と非財務の融合···································10
仕入債務·············································32
事業価値··············································2

事業DDの顧客向けフィードバック··················46
事業DDを完成された評価書（Goal）ではなく、
　取引先からニーズを引き出すための対話ツール
　（Start）ととらえる·······························46
事業デューデリジェンス（事業DD）················40
事業内容の把握·······································10
資金繰り表···········································33
自己資本比率·········································18
試算表···············································32
市場規模·············································13
実態バランスシート···································30
収益性···············································18
純営業資産············································2
将来CF···············································43
商流の把握···········································10
成長性···············································18
セグメント別利益·····································19
ソリューション提供···································49
損益計算書（PL）·····································27
損益財務分析·········································17
損益分岐点分析·······································19

## た

貸借対照表（BS）·····································30
他社比較·············································20
達成基準·············································53
棚卸資産·············································31
当座比率·············································18
特別損益·············································29
取引先要項···········································42

## は

販管費の按分·········································20
販売管理費···········································29
悲観シナリオ·········································44
フリーキャッシュ・フロー（FCF）················21
フレームワーク·······································47
分解·················································13
法人税等·············································29

## ま

モニタリング·········································51
モニタリング会議·····································54

## や

有利子負債償還年数···································18

## ら

ライフステージ·······································49
流動比率·············································18

## わ

ワース（worse）ケース·······························44

# 編著者紹介

〈編　者〉

■フロンティア・マネジメント株式会社

　企業経営にかかわる各専門分野（ビジネス、金融、会計、法律etc.）の専門家によって構成された経営支援・M&Aアドバイザリー企業であり、各分野における高度な専門性を一体として活用し、各種の経営課題を総合的に解決するノウハウをもったユニークな集団です。

　各分野の専門知識と実務を通じて蓄積したノウハウにより、経営コンサルティング、M&Aアドバイザリー、経営執行支援、事業再生等への幅広いビジネスソリューションを提供し、クライアントによる最適な経営判断を導くとともに、その実現を支援しています。

〈著　者〉

■近藤　俊明（こんどう　としあき）

　フロンティア・マネジメント株式会社　マネージング・ディレクター

　大手都市銀行における法人営業、企業・産業調査業務を経て、2010年当社に入社。当社では、主に流通・消費財分野のコンサルティングおよび再生案件に対しプロジェクト・マネージャーとして関与する傍ら、地方金融機関向けには、銀行・コンサル双方の経験値・実務ノウハウを活かすかたちで事業性評価に関するビジネススクール研修講師を担う。

　担当：第2章、第4章（共）、編集

■後藤　尊志（ごとう　たかし）

　フロンティア・マネジメント株式会社　シニア・ディレクター

　大手都市銀行、監査法人系アドバイザリー会社を経て、2013年当社に入社。法人融資や審査を経験するとともに、これまでに建設業、製造業、小売業、サービス業、金融業などのデューデリジェンスや再生計画策定等の案件に関与。現在は金融機関担当RMに従事。

　担当：第1章、第3章（共）、編集

〈執筆協力者〉

■中平　徹（なかだい　とおる）　シニア・ディレクター

　各種デューデリジェンスや事業計画策定業務等に従事。公認会計士。

　担当：第3章（共）

■山川　寛之（やまかわ　ひろゆき）　ディレクター

　製造業、建設業等のコンサルティングに従事。大手都市銀行の審査部門出向経験。

　担当：第4章（共）

本業支援と企業価値向上のための事業性評価入門

2017年9月29日　第1刷発行

編　者　フロンティア・マネジメント株式会社
発行者　小　田　　徹
印刷所　奥村印刷株式会社

〒160-8520　東京都新宿区南元町19
発　行　所　一般社団法人 金融財政事情研究会
企画・制作・販売　株式会社きんざい
編集部　TEL 03（3355）2251　FAX 03（3357）7416
販売受付　TEL 03（3358）2891　FAX 03（3358）0037
URL http://www.kinzai.jp/

・本書の内容の一部あるいは全部を無断で複写・複製・転訳載すること、および
磁気または光記録媒体、コンピュータネットワーク上等へ入力することは、法
律で認められた場合を除き、著作者および出版社の権利の侵害となります。
・落丁・乱丁本はお取替えいたします。定価はカバーに表示してあります。

ISBN978-4-322-13214-4